弁護士

好きな仕事×経営のすすめ

分野を絞っても経営を成り立たせる手法

弁護士経営事例研究会
代表弁護士
北 周士 編

第一法規

はしがき

　伝統的な弁護士の働き方としては「普段の業務でそれなりに稼いで」「余力で好きな活動をする」というのが一般的だったと思います。仕事というのは辛いことや好きではないこともやらなければならないという認識も一般的であろうと思います。

　ですが、それは本当にそうなのでしょうか。自分にとって「好きな仕事」を業務の中心に据えつつ自らの事務所を経営していくことはできないのでしょうか。

　上記の「普段の業務でそれなりに稼いで余力で好きな活動をする」スタイルですと「普段の業務に余力がなくなった時点」で好きな活動ができなくなる危険性が常に存在します。「好きな仕事」自体をマネタイズできないと活動としての継続性を確保できません。

　対して「好きな仕事」で事業を成り立たせることができれば、「好きな仕事」そのもので経営ができている以上、その活動自体に継続性があると言えます。そして、弁護士は個人事業主であり（中には弁護士法人の方もいますが）、かつ「固定費についてかなりの調整がきく」という性質があります。この性質を生かせば「好きな仕事」を仕事にしつつ経営をすることは十分に可能です。

　そこで、「好きな仕事」を仕事にしつつ、事務所の経営も十分していこうというのが本書のコンセプトになります。

　本書では「好きな仕事」「やりたいこと」をそのまま仕事にしている弁護士13名に、その具体的な業務の内容やなぜその業務を行っているのか、そのうえで「どのようにその仕事で事務所を経営しているのか」について語ってもらっています。また、コラムとして5名の弁護士の「弁護士資格を生かした好きな仕事を軸とする副業」についてのコメントを掲載しています。

　これらを参考にすることによって、本書を手にとってくださった方々が自分の「好きな仕事」で事務所を経営するうえでの一助になるのではないかと

思っています。

　また、その人にとって「好きな仕事」を突き詰めることは、依頼者の利益にもなると考えています。

　人によって「好きな仕事」はさまざまです。「経済的に豊かになる可能性が高い事件」を皆が追い求めていたら皆が関心をもつ事件と誰もが関心をもたない事件の2つに分かれてしまいますが、その人にとっての「好き」が異なる以上、各人が各人の「好き」を仕事にすることは、弁護士がより多くの範囲の方々に手をさしのべることができるようになるために重要だと思っています。

　そして、「好きな仕事」を中核として活動している場合、その仕事に対する「思い入れ」は当然のことながら非常に強いものとなります。その仕事が好きであり、心の底から自分がやるべきものであると認識しているとき、人は非常に強い力を発揮します。そしてその強い力は自分のためだけでなく、依頼者にとって必ずプラスに働くものだと思います。

　それぞれの弁護士がその「好きな仕事」を仕事にし始めた理由はさまざまです。弁護士になる前の経験が出発点になっている方もいれば、弁護士になった後に関与した事件が出発点になっている方もいますし、弁護士になった後に弁護士業務と全く関係のないところで自分のやりたいことを見いだした方もいます。

　重要なのは「なぜ」その分野を好きになったかではなく、「どうやって」その好きな仕事を自己の業務の中心にしていくかなのだと思わされます。

　今回、各執筆者が「自分の好きなもの」として挙げた仕事の種類は千差万別です。そして、全ての執筆者が自分の事務所を「好きな仕事」で経営しています。これだけ多くの事件類型について「好きな仕事」と表現していることこそが、個々の弁護士が自らの「好きな仕事」に集中することが、より広い範囲の依頼者に対する適切なサービスの提供につながることを表していると考えています。

　本書をお読みいただければ、13名の弁護士の経営事例から、特定の分野に特化しているがゆえの「凄み」と、それでもなおその仕事を「楽しんで」

やっていることが伝わると思います。この「楽しさ」と「凄み」の両立こそが、高いレベルでの成果を実現するとともに、弁護士自身の精神的安定にも資するものであると思います。「楽しさ」と「凄み」を両立できることが、弁護士自身の生活にも、また、依頼者にとってもプラスになると私は考えています。

　なお、本書は法律事務所の経営に関する本でもあります。各執筆者の「好きな仕事」はその性質もばらばらであり、比較的金銭化しやすいと考えられているものから、金銭化しにくいと考えられているもの、または難易度が非常に高くその方面のみを中心業務とするのは負担が重いと考えられているものなど多岐にわたっています。

　ですが、本書の執筆者はそれぞれが自らの「好きな仕事」を中心としつつも、その仕事の性質に合わせた方法で自らの事務所の経営を成り立たせています。従前は事務所を維持するためにはお金になる仕事をしなければならないという認識が支配的でしたが、目的を明確にすることによって「一般的には金銭化が難しいと考えられている仕事」であっても「好きな仕事」を中核業務としつつ事務所を経営することが可能であると考えます。

　せっかく弁護士になったのですから、「好きな仕事」で食べていくことをもっと皆が目指してもよいと思っています。

　本書を企画・出版するにあたり、執筆者の先生方及び第一法規株式会社の三ツ矢沙織氏、河田愛氏、藤本優里氏には多大なるご尽力をいただきました。本書が企画倒れにならず日の目を見ることができたのも３氏のご尽力のたまものです。この場を借りて厚く御礼申し上げます。

　最後に、本書が皆さんの「好きな仕事」を見つける手助けや「好きな仕事」でどのように事務所を成り立たせていくかを考えるうえでの一助になれば幸いです。せっかく弁護士になったのですから、好きな仕事を好きなようにやっていこうではありませんか。

　2018年５月吉日

　　　　　　　　弁護士経営事例研究会　代表弁護士　北　　周士

目次

はしがき

目次

01 板倉 陽一郎 10
データ保護に関する法律業務は圧倒的な需要過多

業務の中心分野：データ保護、データプライバシー

COLUMN 神内 聡 23
スクールロイヤーとしての生き方

02 指宿 昭一 26
労働者の権利と尊厳を守る 労働者側労働事件専門事務所

業務の中心分野：労働事件（労働者側）、外国人事件（在留資格関係）

03 奥村 徹 34
取扱い罪名については全部の裁判例を把握して、
的確な弁護方針を示して、厳格な法令適用と適正な量刑を求めます

業務の中心分野：刑事弁護（不正アクセス行為の禁止等に関する法律・児童買春、児童ポルノに係る行為等の規制及び処罰並びに児童の保護等に関する法律・青少年健全育成条例・強制わいせつ罪・強姦罪・児童福祉法・著作権法・信用毀損・名誉毀損・わいせつ図画公然陳列・電子計算機損壊等業務妨害・不正指令電磁的記録に関する罪）

弁護士 好きな仕事×経営のすすめ
分野を絞っても経営を成り立たせる手法

04 小野田 峻 42
社会起業家向けシェアオフィス運営を通じたビジネスの横断的支援

業務の中心分野：社会起業家（ソーシャル・スタートアップ）支援、企業法務（主として、企業内に入ってチームで進めていく形態の業務）

COLUMN 井垣 孝之 63
弁護士業と法人営業の相乗効果

05 國峯 孝祐 66
イノベーションを阻害する不合理規制の打破

業務の中心分野：政策法務(規制分析、政策提言、ロビイング）

06 佐藤 大和 80
「エンターテインメント業界の改革へ」エンターテインメント×法律

業務の中心分野：芸能・エンターテインメント

07 清水 陽平 96
ネット中傷・炎上の内容に応じた多方面からのアプローチ

業務の中心分野：インターネット法分野（投稿記事削除、発信者情報開示請求、ネット炎上対策、対応）、不法行為に基づく損害賠償請求、刑事告訴

7

08 高島 惇 114
子どもに前向きな人生を リーガルにとどまらない総合的な支援

業務の中心分野：学校案件、児童相談所案件

COLUMN 中村 真 127
ブログを生かして自分探しをしています！

09 林 大悟 130
精神障がい者による窃盗事件の弁護 再犯防止のための支援に特化

業務の中心分野：刑事弁護（クレプトマニア、認知症患者の万引き事案）

10 平林 剛 146
ケースに法の力を、法の現場にソーシャルワークの力を

業務の中心分野：精神保健福祉（家族問題、精神障がい者）

COLUMN 北 周士 161
株式会社士業クラスタ設立秘話

11 水野 泰孝 164
入口戦略としての行政事件

業務の中心分野：行政事件

12 安井 飛鳥 174
法と福祉の実践的協働によるイノベーション

業務の中心分野：福祉的援助を必要とする方への総合相談(子ども・若者を中心に障がい者、高齢者、生活困窮者等)、福祉機関との協働業務

13 山口 貴士 196
カルトに奪われた人生を取り戻すお手伝いをしています

業務の中心分野：カルト問題、消費者問題、表現の自由、英語を使う案件

COLUMN 保坂 晃一 205
サッカー好き作家弁護士の野望

01

データ保護に関する法律業務は
圧倒的な需要過多

板倉　陽一郎

Yoichiro Itakura

業務の中心分野　　データ保護、データプライバシー

PROFILE

▶修習期　　　　　　新61期
▶所属弁護士会　　　第二東京弁護士会
▶事務所名　　　　　ひかり総合法律事務所
▶所在地・入所年等　東京都港区虎ノ門・入所2009年1月、
　　　　　　　　　　パートナー就任2016年4月
▶事務所員数　　　　弁護士33名
▶取扱案件の割合　　データ保護を含む広義のIT関連
　　　　　　　　　　　　　　　　85%
　　　　　　　　　　その他　15%

1 自己紹介

**任期付職員として出向した部署で担当したデータ保護が、
そのまま取扱分野に**

《弁護士としての自己紹介》

　情報学の大学院（情報学研究科修士課程）から法科大学院に進んだことも
あり、弁護士になる前から IT 関連業務を希望し、2009年1月よりこれを取
り扱う藤原宏髙弁護士のアソシエイト弁護士として執務を開始しました。著
作権を中心とした知的財産関係、システム開発紛争、プロバイダ責任関係紛
争等、IT 関連業務を広く経験しました。入所当初より官公庁の任期付職員
としての出向等が奨励されていたところ、消費者庁における個人情報保護の
国際担当ポストに募集があり、2010年4月より同庁に出向しました（当時の
消費者庁企画課個人情報保護推進室政策企画専門官）。同庁では日本が関係
するあらゆる国際会議（OECD、APEC といった政府間会合、データ保護プ
ライバシー・コミッショナー国際会議、アジア太平洋プライバシー機関
フォーラムといったデータ保護機関間会合）に出席し、国内の案件について
も関わったほか、国会対応、関連法案（特に、いわゆるマイナンバー法案。
ただし廃案になる前のもの）の対応等にも全て携わったので、データ保護、
データプライバシーについて集中的かつ広い経験を積むことになりました。
2012年12月に事務所に復帰しましたが、データ保護の専門家が質量ともに必
ずしも十分に供給されていないことから、同分野の依頼をいただくことが多
いまま、現在に至ります。

《事務所紹介》

　HP における紹介によれば、「当事務所は、ICT 技術を利用して弁護士業
務を迅速化・ネットワーク化し、高度に専門的かつ総合的なリーガルサービ
スを提供するという理念の下に、『ひかり総合』と命名されました。パート
ナー制に基づく共同経営の形をとっておりますが、パートナーは各自の得意
分野を持つとともに必要のあるときは相互に協力し、事務所全体で種々の案

01　Yoichiro Itakura　11

件に対応できる体制を整えております」とされており、このとおりです。パートナーは、複数のアソシエイトを雇用するマネージングパートナーと、独立して業務をする通常のパートナー（アソシエイトを雇用していることもあります）に大別され、筆者は通常のパートナーの1人として業務を行っています。本稿執筆現在、筆者の雇用するアソシエイトはおりません。

2 弁護士としての理念

業務の中心としているのは冒頭に記載したとおりデータ保護（欧州流の表記）、データプライバシー（米国流の表記）です。個人に関するデータの取扱い（単純な保護に限らない）全般であるといってよいでしょう。あえて個人情報保護と記載しないのは、日本国の個人情報保護法に矮小化される誤解を防ぐためです。いうまでもなく、もはやITやインターネットは事業や生活の不可欠な一部であり、それに伴って個人に関するデータを取り扱う以上、あらゆる事業者が民法、会社法、労働法と無関係ではあり得ないのと同じように、あらゆる事業者はデータ保護、データプライバシーに関する法規範からは逃れられません。のみならず、行政機関、独立行政法人等及び地方公共団体といった公的機関においても、データ保護、データプライバシーの問題とは無関係ではいられません。

このように、事業者あるいは公的機関の全てにおいて問題となりうるにもかかわらず、日本の個人情報保護制度は極めて細分化されており、基本法及び民間事業者の具体的義務を定めた個人情報の保護に関する法律（平成15年法律第57号、以下、「個人情報保護法」という）、国の行政機関に適用される行政機関の保有する個人情報の保護に関する法律（平成15年法律第58号、以下、「行政機関個人情報保護法」という）、独立行政法人等（国立大学法人を含む）に適用される、独立行政法人等の保有する個人情報の保護に関する法律（平成15年法律第59号、以下、「独立行政法人等個人情報保護法」という）に加えて、各地方公共団体の保有する個人情報については、それぞれ別々の

個人情報保護条例が存在します。東京都の保有する個人情報であれば、東京都個人情報の保護に関する条例が、港区の保有する個人情報であれば港区個人情報保護条例が適用されるのです。これらはあくまで行政法規であって、民事的な損害賠償請求についての検討をしようとする場合には民法の不法行為（人格権侵害）分野における膨大な判例を知悉していなければなりません。また、データ保護に関しては知的財産権法分野のように統一的な条約は存在せず、各国でバラバラに立法がされています。欧州では一般データ保護規則（GDPR）を基本としつつも、各国の実施法が制定される見込みであり、米国では統一的なデータ保護に関する立法は存在せず、民間分野については連邦取引委員会法（FTC法）5条を中心として、分野別の立法がなされています。

　このような法制のスパゲティー状態にもかかわらず、現実の事業は事業者・公的機関を越え、国境を越えて行われます。個人に関するデータを用いて何らかの事業を行うには、必ずデータ保護に関して適切なスキームを構築しなければならないのです。それにもかかわらず、必ずしも世間では適切な法的アドバイスが受けられる状況にはないため、微力ながら、手の届く範囲で、業務を行っているに過ぎません。

3 経営理念

　特段、経営理念のようなものはありませんが、データ保護は事業者にとってコストに過ぎないため、そこでのリーガルコストについても必ずしも潤沢な予算はないことを前提にすべきでしょう。ほとんどの業務はタイムチャージで引き受けていますが、その単価は大手事務所のアソシエイトよりは高く、パートナーよりは安価な程度であると思われます。その程度の単価で、一般的な弁護士が調査するのに数十時間かかるものであっても打合せの場で回答できれば、データ保護に関するリーガルコストの予算内に収まり、再度の依頼をいただけるという次第です。

4 開業から現在までの経営状況の推移

　奇しくも、我がボスである藤原弁護士が、第二東京弁護士会の会報誌でアソシエイトのパートナー昇格についてコメントしており、1つの目安として参考になるでしょう。曰く、「僕のところは、アソシエイトは僕の仕事は全て時間をつけるようになっているんです。ノルマは月80時間。だからだいたい1日の半分、僕の仕事をしてくれていればいいよという時間管理をしていて。その時間がだんだん守れなくなってきて、要するに自分の仕事が忙しくなってきて、聞くと売上げが1,000万円近いとか、そこまでいかないけど800万円ぐらいあるということになってくると、じゃあ、パートナーの移行期にということで、1年間移行期を設けて、1年間は経費をとらないで、その代わり固定給も払わないという形でやります。それが終わってからパートナーにきちんとなってもらいます。だから本人が別にずっとアソシエイトでいいというなら、それはそれでいいんだろうと」[1]とのことであり、要するに、個人事件の報酬が1,000万円を超えた程度で、そろそろパートナーになるように、との指示があり、パートナー移行期を経て、パートナーになるという経緯をたどっています。パートナー就任時より、担当秘書の給与の8割相当分及び家賃を含む共通経費を支払っていますが、年間およそ700万程度であり、安易には独立を考えない程度に抑えられているといえます。

2008年12月　弁護士登録
2009年1月　入所
2010年4月～2012年12月　任期付職員として出向（消費者庁）
2015年4月　パートナー移行期
2016年4月　パートナー就任

1　藤原宏髙他「特集　座談会　事務所経営のノウ・ハウ」『NIBEN Frontier』2016年4月号26-42頁。なお，現在においては同じパートナーの立場のはずですが，ボスはいつまで経ってもボスなのです。

5 経営戦略・手法

（1）業務の強み（主たる取扱分野）

① 業務における強み

　データ保護分野の強みといえば、あらゆる事業者が潜在的顧客であるということでしょう。平成27年の個人情報保護法改正（平成27年法律第65号による）により、「個人情報取扱事業者」の定義からはいわゆる5,000件要件が削除され、ほぼ全ての民間事業者が義務の対象となりました。GDPR は欧州域外にも適用される可能性がありますが、これに関しても、事業者の規模等は考慮されません。主として GDPR における制度が注目される越境移転制限（個人データの保護に関し自国と同レベルの保護措置を備えていない限り国境を越えた移転を禁止する制度）についても、制度を構築するのは移転元国ですから、移転先の事業者の規模等を考慮してくれるわけではありません。さらに、中国やロシアを始めとした非民主的な国家を中心に、データローカライゼーション（個人データに限らず、データの国外への持ち出しに制限をかける制度）を導入する動きもあり、これも、当然ながら、事業者の規模等を考慮せずに適用されます。国際的なデータ移転を伴うビジネススキームを構築する際には、少なくともこれらの状況について把握していなければ入り口にも立てないのです。また、日本特有の状況として、前述したとおり、個人情報保護制度の細分化があります。この細分化は、もはや法律の規範提示機能を失わせるレベルに至っており、独立行政法人等個人情報保護法が適用される法人であるにもかかわらず、内部文書を個人情報保護法に基づいて作成してしまっている例なども稀ではありません。おそらく、ほぼ全ての事業者、法人に関し、データ保護について相談されれば何らかの改善点を述べることができるであろうと思われます。それくらい、データ保護の理解は浸透していません。

② 分野選択における差別化の図り方

　これまで述べてきたとおり、データ保護というのはあらゆる分野に付随

し、かつ、それぞれに複雑であるため、全分野について即座に対応できるレベルを維持するためにはそれなりの時間が必要です。関連業務に費やす時間、研究・執筆等、研さんに用いる時間を含め、年間2,000時間程度は必要でしょう。筆者の場合、なりゆきでデータ保護に集中しているところもあり、意識的に差別化をしてきたものではありませんが、これだけの時間を費やせる環境を構築することは必ずしも容易ではなく、その結果、それなりの差別化になっているものと思われます。

③ 技術・知識の向上のために実施していること

弁護士が技術・知識を向上させなければならないのは弁護士職務基本規程上の義務[2]ですから、これを怠っていれば弁護士としては不適当です。分野特化した弁護士の様子を見るに、以下のような技術・知識の向上方法は弁護士としてはさほど特殊なものではありません。データ保護分野特有の部分（学会名など）は一般的なもの、または自身の興味のある分野のそれに置き換えて読んでいただけると有用ではないかと思われます。

・座学

技術・知識の向上方法として座学（書籍、論文を読むこと、講演、研修を受けること）は最も基本的です。専門化した分野のみならず、その周辺分野についても日常的に行う必要があります。例えば、データ保護の周辺分野としては、一般的なサイバー法は当然として、知的財産権法、消費者法、経済法、国際経済法等があり、これらについても目配りする必要があります。また、特化した分野に関して一定程度の専門化が図られると、書籍、論文を「読む」のは当然として、「書く」側に回ることを依頼されるようになりますが、これは知識の整理、理解の定着の方法としてはおすすめです。司法試験を持ち出すまでもなく、知識や理解というものは自ら言語化・文章化することで測られる面がありますし、当該分野の先行研究を理想的には全て踏まえて書くこととなりますので、膨大な「読む」作業が先行します。積極的に挑

2　弁護士職務基本規程第7条「弁護士は、教養を深め、法令及び法律事務に精通するため、研鑽に努める」

戦するのがよいでしょう。講演、研修については、その時間内に集中して知識・理解を得られるという意味では有効です。大人であるのでつきあいで参加する講演、研修というものもあるでしょうが、せっかく参加するのであれば五感を利用して勉強できるその時間内に集中して知識・理解を得てしまうのが適切です。なお、書籍、論文を「書く」のと同様、講演、研修を行う、または企画する側に回るというのは、受け身で講演、研修を聞くだけよりも何倍も効果があることはいうまでもありません。ただし、講演や研修は（クライアント1社のための特殊な研修を除き）、準備時間を加味すると業務としては単価が高いものではないので、こと収入との関係に関しては、知識・理解のため、または後述するような営業活動と割り切る必要があるでしょう。実際は、いろいろなしがらみから頼まれることも多く、そう簡単なものではありません。

・弁護士会活動、学会活動

　弁護士会活動や学会活動についても、技術・知識の向上の機会として捉えられます。筆者の場合は、例えば、日本弁護士連合会消費者問題対策委員会に所属し、2017年度からは電子商取引・通信ネットワーク部会長（副委員長）も拝命していますが、最先端で活躍する消費者系の弁護士による、現在トピックとなっているあらゆる消費者問題についての解説を聞けているようなもので、これ以上効率的な消費者法のトレーニングはありません。また、第二東京弁護士会知的財産法研究会において長年役員を拝命していますが、毎月、一線級の講師を招いて企画しており、大変勉強になります。しかも、そのまま懇親会に参加すれば、講演での疑問点にとどまらず、講師とさらに突っ込んだ話をする機会もあるという次第です。その他、弁護士会との関係では東京の弁護士にしては多重会務者に属するかと思われますが（前述日本弁護士連合会消費者問題対策委員会の他、第二東京弁護士会の委員会・研究会として国際委員会、研修センター、情報公開・個人情報保護委員会、非弁護士取締委員会、知的財産権法研究会、自治体法務研究会に所属）、専門特化すればするほど、全体の中での自分の立ち位置を把握するということは重要であって、同じ分野の人以外とも情報交換することが重要です。

他方、学会活動については、当該分野の最先端の議論が展開されるわけですから、専門性を身につけたいのであれば、これに所属し、場合によっては登壇・投稿することは当然でしょう。筆者としても、データ保護に直接的に関連するものとしては情報ネットワーク法学会、法とコンピュータ学会、情報処理学会、情報法制学会等に所属しています。長年学会で活動をしていると、理事等の役職も果たすことになります。それなりの負担も伴いますが、運営側に立つことで俯瞰できる面もあるので、積極的に挑戦しましょう（…就任をお願いした際には断らないでほしいという意味です）。

　これらの応用として、国際的な会合への参加、関連業界団体への関わりというものも出てきます。データ保護分野の最大の国際的な会合はデータ保護プライバシー・コミッショナー国際会議といい、ここでは各国のプライバシーコミッショナー（データ保護機関の長）や世界的な大企業のデータ保護担当者が一堂に会するため、可能な限り毎年参加するようにしています。開催地は毎年異なり、2017年は香港、2016年はマラケシュでそれぞれ開催されました。また、国際的な法曹の会合として、IBA（The International Bar Association）、LAWASIA（The Law Association for Asia and the Pacific）、IPBA（The Inter-Pacific Bar Association）、AIJA（International Association of Young Lawyers）といったものがあります。自分の活動する分野の他国の弁護士と触れ合うよい機会であり、可能な限り参加したいと思っていますが、時間の都合上、日本開催時にしか参加が叶っていません（2014年 IBA、2017年 LAWASIA）。若手弁護士には日弁連、単位会において参加費・渡航費の補助をしているので、興味のある分野の国際的な動向を概観する意味でも積極的に参加しましょう。関連業界団体の業務が回ってくるようになると、いよいよ当該専門分野べったりという感じです。業界団体のロビイング等にも携わるようになります。

④　平均単価の上げ方

　平均単価の上げ方については、ほとんどの業務をタイムチャージで行っているので、タイムチャージを値上げするほかないということになります。実

際に徐々に値上げしてはいますが、既存のクライアントに単価を上げてほしいとお願いすることは容易ではなく、また、仁義的にも行わないことが多いのではないでしょうか。糟糠の妻というものです。すでに記載したとおり、データ保護分野というのは全くのコストセンターだと思われていますので、内部的な決裁を得られる上限もあるでしょう。

⑤　他分野の依頼があった際にどうするか

　顧問先やつきあいの長い（社内事情に知悉している）クライアントの依頼については、少なくとも最初の相談は、分野を問わず受けることはいうまでもないでしょう。それでも、労働分野や破産分野、純粋な家事事件については当事務所内に専門家がいるため、彼らと共同受任するか、場合によっては事件処理を委ねることとなります。訴訟も常時受任しています（10件未満程度ですが）。訴訟は権利行使の究極の姿であり、契約書やスキームについてアドバイスするにあたっても、裁判所での感覚は失われないようにすべきであると思います。

⑥　専門特化することによる業務集中の問題点

　前項と表裏の関係にあるでしょうが、業務時間がある分野に集中すると、その他の分野への目配りが疎かになりがちです。このような状況を防ぐためにも、弁護士会活動、他分野の専門家との共同受任は積極的に行うべきでしょう。

（2）ターゲットとする地域・客層

　とにかく、「データ保護というのは事業者にとってコストに過ぎないため、そこでのリーガルコストについても必ずしも潤沢な予算はない」ということが重要であり、逆に、そこにまでリーガルコストをかけてくれるクライアントとなると、データ保護が事業において決定的に重要であるか、他の分野についてのコンプライアンスは済んでおり、余裕がある事業者ということになります。必然的に東京の事業者が大半であり、客層としては恵まれてい

ます。

（３）営業・顧客維持の方法

　技術・知識の向上方法の一環であり、営業活動としての側面も有する活動としては、書籍、論文の執筆、講演などがあります。もっとも、クライアントはシビアであり、いわゆる事務所の営業本を読んだくらいで依頼するようなことはありません。特に執筆については最新の学術レベルを踏まえたものでなければ、書かない方がよいくらいでしょう。講演を聞いて、書籍、論文を読んで、という依頼は一定程度存在します。これに加えて、省庁等の有識者会議での発言を聞いて、というクライアントもいますが、筆者としては特段、有識者会議で事業者寄りの発言をしているものでもないので、やはり、内容を聞いて来られているのではないかと推測しています。ここでもクライアントはシビアです。単に事業者に媚びるような弁護士に安易にコストを支払うような思考方法は、少なくとも筆者のクライアントは持ち合わせていません。

　クライアントからクライアントの紹介というルートも存在しますが、これは、結局クライアントに見せている仕事の質に依存するため、案件を的確に処理するのみでしょう。他の弁護士からの紹介、というルートも存在します。もちろん、法科大学院や修習の同期という純粋な友達ルート、所内での紹介、という一般的なものもありますが、弁護士会活動で面識がある弁護士からの紹介というものも有力です。弁護士会活動はそれなりに事務処理能力を見せる機会であるため、安心して紹介できるということになるのでしょう。弁護士会政治が好きな向きには、弁護士会の派閥活動というものもあり、より一層ディープな人間関係を築けます。筆者は可処分時間の関係から派閥にまではほとんど顔を出せていませんが、東京三会ではそれなりに有力な紹介ルートのようです。

　顧客維持については定期的に飲み会やゴルフをしてつながりを維持するという方法が古典的かと思われますが、筆者はアルコールには特段強くなく、ゴルフもしないため、結局、リピートは案件の評価でいただいているものと

認識しています。1年間の活動報告を兼ねて、年賀状は数千枚、欠かさず出しています。物理的な紙が届くというのは、それなりに強いのか、年明けには年賀状を見てのご相談というのもあるように思います（確認してはいません）。

（4）組織、コストの考え方

　これまでの記述でわかるように、筆者の場合は、アソシエイトからそのまま昇格してパートナーとなっているだけであって、いわば部門長くらいで、部門組織としては、筆者と担当秘書というミニマムです。コストも、共同経営のメリットもあって、最小限に抑えられているものと思われます。アソシエイト採用というのは常に頭の片隅にありますが、クライアントとの関係で過度な負担をかけず、筆者の分野で即座に仕事を任せようと思うと、1万時間くらいの経験を求めることになり、そのクラスの弁護士を筆者の予算でお願いしようとすると無理だというデッドロックに陥っています。専門分野の人材育成というのがいかに難しいかわかろうというものです。

（5）働き方

　ここまで偉そうにいろいろと書き連ねてきましたが、正直、本稿を依頼されるまで経営について真剣に考えてきたこともなく、若干反省した今でも明確な戦略をもっているものでもありません。結局、生存者バイアスが強く働いているのです。実際は、目の前の案件・仕事をひたすらにこなしているだけに近いため、司法試験の合格体験記程度のものとして、話半分に読んでいただくのが気楽です。

6　今後について

（1）弁護士として

　　　もはや、データ保護、データプライバシーという分野からは逃

れられないほど深く関わっておりますので、引き続き、広く深く、携わって
いくことになろうかと思います。同分野の裾野を広げることも意識していま
すので、情報発信も続けていくことにしています。

（2）経営者として

　共通経費を支払うテナントのようなパートナーという地位は気楽なもので
すが、年次は順繰りですから、事務所全体のあり方、経営というものも意識
しながら進めていかなければならないのでしょう。本稿の執筆も、そのよう
な自覚のよい機会になりました。

COLUMN
スクールロイヤーとしての生き方
神内 聡　Akira Jinnai

PROFILE··
新63期（東京弁護士会）、本郷さくら総合法律事務所所属。専修教員免許を保有し、
私立中学高等学校で社会科教師として勤務。教師と弁護士を兼務する、日本で唯一の
「スクールロイヤー」。著書に『学校内弁護士　学校現場のための教育紛争対策ガイド
ブック』（2016年・日本加除出版）。

1　スクールロイヤーになるまでの経緯

　私は2012年より私立中学高等学校の社会科教師と弁護士を兼務する「ス
クールロイヤー」を実践しています。一般的にスクールロイヤーという語は
教育委員会の専属顧問弁護士を指すことが多いですが、私は教師として学級
担任や教科指導なども行う弁護士で、学校で勤務しています。

　私は当初、子どもの権利条約に関心があり、日本の教育制度を研究する
研究者を目指していましたが、学部時代に教員免許を取得した関係で教師と
して現場で働く機会を得た際に、教師という仕事の魅力や課題に触れること
ができ、その中で教師として働きながら弁護士資格を取得しました。

　私が弁護士資格を取得しようとした理由は2つあります。1つは教育法
という私の研究分野における問題を解決したいと思ったからです。日本の教
育法は日本独特の教育制度に基づいて構築されており、海外と比べて著しく
教師の負担が大きく、家庭との役割分担もできていません。その中で構築さ
れてきた教育法が、現在の教育現場で生ずる紛争を解決するツールとして適
切に機能していないため、新たな問題解決のツールを構築する必要がありま
す。もう1つは、法律家が教育現場の実情を知ろうとしないスタンスに疑問
を感じたからです。教育紛争の解決に関与する弁護士のほとんどは教師の経
験がなく、教育現場と積極的に接点をもとうとする動きもありません。こう
した法律家のスタンスでは、教育現場で毎日懸命に働いている教師から信頼
を得ることはできません。そこで、多様な人材が求められるこれからの司法

の中で、教師出身の弁護士が活躍する場を模索しようと考え、弁護士資格を取得しました。

2　スクールロイヤーのメリット

　私のように、学校の教師を兼務するタイプのスクールロイヤーのメリットは主に2つあります。1つは、教育現場で他の先生たちと肩を並べながら同僚の教師として働くことができる点です。この点は社内弁護士と同じメリットであり、同僚が弁護士であるがゆえに教師も相談しやすく、同じ教師の目線からの助言が可能です。もう1つは、子どもたちと日常的に接することができる点です。弁護士であるだけでなく、教師としてクラス担任や社会科の授業を担当することで、今の子どもたちの実情を理解できるだけでなく、一生にわたる関係を築くことができます。弁護士が教師をすることで、子どもの権利を直接保障する機会も増えます。

　教師と弁護士はともに専門職ですが、仕事で用いる思考過程は全く違います。教育は「性善説」に基づく営みであり、教師は子どもの個性と信頼関係を前提にした帰納的な思考で問題を解決しようとしますが、法は「性悪説」に基づくツールであり、弁護士は実定法と判例を前提にした演繹的な思考で問題を解決しようとします。教師と弁護士を兼務する際に、意外と苦労するのはこの思考過程の違いを自分自身の人格内で使い分けることが難しい、という点です。

　ただし、私の弁護士としての案件の大半は、自分の勤務校以外の教育委員会や学校法人からの相談なので、教師としての日々の経験が弁護士の仕事でも大いに役立っていることは間違いなく、教師を兼務する弁護士だからこそ依頼者から信頼を得ている面もあります。

COLUMN

3 スクールロイヤーとしての今後の目標

　現在文部科学省ではスクールロイヤーを増やす政策が推進されています
が、ここで言うスクールロイヤーは教師を兼務する弁護士ではなく、教育委
員会の委嘱を受けた弁護士の立場で仕事をする職種です。したがって、こう
したスクールロイヤーが増えたとしても、教師の負担が本当に軽減されるか
は未知数であり、子どもの権利の保障に資するとは限らない、と思います。
そこで、私はスクールロイヤーに興味のある若手弁護士の人たちには、でき
る限り教員免許を取得して教師兼務型スクールロイヤーになってほしい、と
考えています。教育紛争を適切に解決する弁護士になるためには、教育現場
の実情をより身近で理解する環境に自分を置く必要があるからです。

　また、私はもともと研究者を目指していたこともあって、グローバル化
と AI 化が進む世界の中で日本の教育制度がそのメリットを維持できていけ
るのか、海外との比較の視点で研究に従事したい、という目標があります。
前述したように、教育制度と教育法は密接不可分の関係にあり、教師と弁護
士を兼務する立場から日本の教育制度と教育法の問題点を社会に提示し、数
十年後に社会で活躍する子どもたちのための教育制度と教育法を議論してい
きたい、と考えています。

25

02

Shouichi Ibusuki

労働者の権利と尊厳を守る
労働者側労働事件専門事務所

指宿 昭一

業務の中心分野 労働事件（労働者側）、
外国人事件（在留資格関係）

PROFILE

▶修習期　　　　　旧60期
▶所属弁護士会　　第二東京弁護士会
▶事務所名　　　　暁法律事務所
▶所在地・開業年　東京都新宿区高田馬場・2007年
▶事務所員数　　　弁護士１名　スタッフ４名
▶取扱案件の割合　労働事件（労働者側）50%
　　　　　　　　　外国人事件　　　　 40%
　　　　　　　　　その他　　　　　　 10%

1 自己紹介

「弁護士バッジをつけた活動家」を目指して

《弁護士としての自己紹介》

　私は、学生のときにアルバイトをしていたコンビニエンスストアでの労働組合結成に参加し、不当な雇止めを受けて裁判で闘い、これをきっかけに中小企業で労働組合をつくる活動に参加しました。私の参加していた労働組合がお世話になっていた弁護士さんが過労で倒れてしまい、「君たちの組合から、弁護士を養成しなさい」というアドバイスがあり、組合の役員会議で相談して、私が取り組むことになりました。私は、一生、労働運動の一活動家としてやっていくつもりだったので、弁護士というより、「弁護士バッジをつけた活動家」を目指すことにしました。

　このような経緯で、司法試験に挑戦することになったので、もともと、労働事件の労働者側を中心に取り組む弁護士になることは決まっていました。

《事務所紹介》

　労働事件を中心として取り組む事務所です。労働者側専門であり、労働事件で使用者側の代理人はやりません。労働組合関係の事件に力を入れて取り組んでおり、労働組合の顧問もたくさん引き受けています。国際自動車というタクシー会社の残業代請求事件に取り組んだことをきっかけに、タクシーやトラックの残業代請求事件に数多く取り組んでいます。また、外資系企業の退職勧奨・解雇事件への取組みも多いです。弁護士登録直後に、外国人研修・技能実習生の事件に取り組んだことをきっかけに、外国人労働者事件に数多く取り組むことになり、この分野にも力を入れています。

　もう1つの分野として、外国人の在留資格関係事件にも取り組んでいます。特に、在留資格のない外国人の事件が多いです。弁護士になる前から、在留資格のない外国人が在留特別許可をとる支援をしていたため、出入国管理及び難民認定法に関する知識があったので、これを生かすことにしました。

02　Shouichi Ibusuki

2 弁護士としての「想い」・理念

　日本の労働者の多くは本当に無権利状態に置かれています。特に、中小零細企業には労働組合もほとんどなく、労働法も守られていません。非正規労働者や外国人労働者も、労働法に反する不当な扱いを受けていることが多いです。大企業の正社員労働者でも、長時間労働により過労死・過労自殺・過労うつに追い込まれるような状態にいる方が少なくありません。

　私は、権利侵害を受けている労働者が権利を主張し、団結して自らの権利を守ることができるようにサポートをするために弁護士になりました。この目的を実現するための基盤が法律事務所の経営だと思っています。事務所の経営的安定がなければ、弁護士としての目標を実現することができないと思います。実は、事務所開設から3年間は、「経営」のことなどなにも考えていませんでした。よい仕事をすれば、自然にお金はついてくる、経営のことなど考える必要はないと思っていました。しかし、その後、現在の法律事務所の経営はそれほど甘いものではないと思うようになりました。

　営利を追求するわけではありませんが、事務所としてしっかりと収益を上げ、スタッフの給料をきちんと支払い、利益を出すことで社会的に重要な事件に取り組むための資金を確保することがとても大事なことだと思っています。

　事務所経営者としての仕事にきちんと取り組むために、私は、先輩弁護士や仲間の弁護士とともに一般社団法人弁護士業務研究所（通称「ベンラボ」）という弁護士団体をつくり、月に1回の勉強会を行っています。また、ベンラボの理事である経営コンサルタントの向展弘氏に依頼して、事務所経営について月2回のセッションを通じて検討をする場をもっています。

3 経営理念

　もともと、私は、労働者の権利を徹底して守り、労働組合の発展に寄与しようと考えて弁護士になったので、これが事務所の基本的な経営理念です。外国人の在留資格関係事件等の他の事件の場合は、依頼者の権利を徹底して守り、できるだけ社会的に問題を解決することに努めています。

　そして、暁法律事務所の基本的な姿勢を、「法を尊び、法に頼らず」と表しました。「法を尊び」、すなわち、法律を徹底して活用して、依頼者の利益を守る。しかし、「法に頼らず」、すなわち、既成の法律や判例だけにとらわれず、また、裁判だけに頼るのではなく、依頼者の利益を守るために最善を尽くすということです。場合によっては、判例を変え、法律を変えることを目指します。その問題を世論に訴え、社会問題化して、運動をつくり、制度自体の改革を目指すこともあります。労働事件であれば、裁判と労働運動の結合を図ります。法律は、労働運動の武器の1つであり、有効に使わなければならないと同時に、それだけに頼り切った闘い方はすべきでないと考えています。

　開業当初から経営理念は明確だったのですが、経営戦略については、全く考えていませんでした。「よい仕事をすれば、経営は成り立つ」と信じていました。開業して3年後くらいから、経営戦略の必要を感じて、経営コンサルタントである向氏のアドバイスを受けるようになり、2011年4月には、一般社団法人弁護士業務研究所（通称「ベンラボ」）という弁護士団体を立ち上げ、月1回のペースで勉強会を開催して、弁護士のためのマーケティングやマネジメントについて勉強するようになりました。

　こうした中で、向氏のアドバイスに従い、事務所の報酬表をつくり、事務所理念を明確に打ち出したHPを開設したところ、事務所経営の状態が大きく変わりました。以前は、報酬はできるだけ安くするという方針だったのですが、適正報酬をいただくという方針に変え、特に、専門分野である労働者側労働事件と外国人の在留資格関係事件では、しっかりと報酬をいただ

くことにしました。それ以前は、外国人の在留資格関係事件は、ほとんどすべてについて、日弁連の委託援助を利用していましたが、この分野に対応した報酬表に基づき、依頼者から着手金・報酬金をいただくことにしました。その結果、この分野の収入が大きく増えました。日弁連の委託援助は非常に大事な制度だと思いますが、適正報酬とは言い難い面があるので、人権擁護の観点から重要な事件だと判断した場合のみに利用することにしました。

　事務所経営の方法についての多くは、ベンラボの勉強会で学びました。ベンラボの勉強会の成果は、原和良著『弁護士研修ノート　相談・受任～報酬請求　課題解決プログラム』レクシスネクシス・ジャパン（2013年）と原和良監修・一般社団法人弁護士業務研究所著『弁護士経営ノート　法律事務所のための報酬獲得力の強化書』レクシスネクシス・ジャパン（2015年）にまとめてあります。

4　開業から現在までの経営状況の推移

2007年9月　弁護士登録・開業
2010年7月　事務所HPを開設し、事務所の経営理念と報酬表を公開する
2011年4月　一般社団法人弁護士業務研究所（通称「ベンラボ」）の設立に
　　　　　　参加し、副代表理事に就任
2014年1月　事務所移転

5　経営戦略・手法

（1）ターゲットとする地域・客層

　第1のターゲットは、労働事件の当事者である労働者と労働組

合です。地域は特定しておらず、全国から相談は来ます。

　第2のターゲットは、在留資格問題の当事者である外国人です。地域は特定していませんが、東京入国管理局の管轄である関東甲信越と仙台入国管理局の管轄である東北地方から相談が来ます。

（2）業務の強み

　私の強みは、労働組合活動の経験があり、労働事件に精通しており、弁護士としても労働分野での実績があること、在留資格関係事件の経験の蓄積があることです。

　労働事件に関しては、労働者側労働弁護士の専門家集団である日本労働弁護団の活動に参加し、判例研究会、勉強会、事件検討会等に積極的に出席しています。

　在留資格関係事件に関しては、事件を通じて経験を蓄積するとともに、当事者の団体である仮放免者の会等との情報交換を行っています。

　専門2分野については、事務所独自の報酬表をつくり、専門弁護士として適正な報酬をいただいています。

　他の分野の相談も受け、受任もしますが、分野によっては、その分野に強い弁護士との共同受任にさせてもらうこともあります。

（3）営業・顧客維持の方法

　労働事件に関しては、労働者側の事件しか受けないこと、使用者側の事件は受けないことをHPで明示しました。また、労働組合の顧問業務に関しては、御用組合の顧問にはならないことを明示しました。このことによって、相談者から信頼され、依頼につながったことが何度もあります。

　社会的な事件の場合は、事件を社会問題化するために、提訴時や判決時に積極的に記者会見を行っています。また、外国人研修・技能実習生事件やその他の外国人労働者事件については、弁護士団体を立ち上げたり、弁護士会の委員会活動に参加する等して取り組んでいるため、マスコミから数多くの取材を受けます。その結果、自然にマスコミを通じて知名度は上がっていま

す。ただ、これは、知名度を上げることを目的に行っているわけではありません。また、マスコミで取り上げられたからといって、それが直接、事件の相談や依頼につながるわけでもありません。

HP のブログ、Facebook、Twitter で、自分の取り組んでいる事件や問題について、積極的に記事を書くようにしています。これも、事件の社会問題化を目的に行っていることが多いのですが、今後は、事務所の PR も意識した記事も増やしていこうと思っています。

HP からの労働事件、在留資格関係事件の相談は多くあります。これは集客の方法として大切にしていこうと思っています。

（4）組織、コストの考え方

弁護士1名、スタッフ4名の体制で事務所を運営しています。スタッフは、私がもともと在籍していた労働組合の仲間です。そのため、経営理念の共有化はしっかりとできています。

勤務弁護士採用の予定はありませんが、弁護士の労力が足りない場合には、事件ごとに共同受任をすることによって対応しています。社会的に重要な事件で弁護団を組む場合、弁護団の事務局を引き受けることが多く、その場合、スタッフに事務作業を行ってもらいます。

コストについては、事件処理の迅速化がなによりのコスト削減になると考えています。

（5）働き方

以前は、弁護士は職人であり、職人としての技能研さんに力を入れることが第一だと思っていました。今は、弁護士は、職人であると同時に経営者でなければならないと考えています。特に、事務所の所長弁護士は経営者としての自覚をもち、経営者としての仕事をしなければならないと思います。

今後について

（1）弁護士としての将来の目標

　私の弁護士としての将来の目標は、弁護士として労働運動の発展に貢献することであり、同じ理念をもつ弁護士を育てることです。同じ理念をもつ事務所を全国各地につくりたいと思います。2016年に1年間、私の事務所に在籍した中井雅人弁護士が、2017年1月に大阪で独立して、私の事務所と同じ名前の暁法律事務所を開設しました。弁護士法人を設立したわけではないので、事務所の理念と名前を同じくする、別の事務所ということになります。いわば、のれん分け方式の全国展開です。

　10年後までに、東北と東海地方にものれん分け方式で、理念と名前を同じくする事務所をつくりたいと思っています。

（2）経営者としての将来の目標

　弁護士として事務所として労働運動の発展に貢献するためには、事務所経営の安定が必須です。私の事務所の経営を安定させるだけでなく、その経営戦略を、のれん分けした他の事務所でも活用できるようにしたいと思います。

03

Toru Okumura

取扱い罪名については全部の裁判例を把握して、的確な弁護方針を示して、厳格な法令適用と適正な量刑を求めます

奥村 徹

業務の中心分野	刑事弁護 （不正アクセス行為の禁止等に関する法律・児童買春、児童ポルノに係る行為等の規制及び処罰並びに児童の保護等に関する法律・青少年健全育成条例・強制わいせつ罪・強姦罪・児童福祉法・著作権法・信用毀損・名誉毀損・わいせつ図画公然陳列・電子計算機損壊等業務妨害・不正指令電磁的記録に関する罪）

PROFILE

▶ 修習期　　　　　50期
▶ 所属弁護士会　　大阪弁護士会
▶ 事務所名　　　　奥村＆田中法律事務所
▶ 所在地・開業年　大阪府大阪市・1998年
▶ 事務所員数　　　弁護士2名　事務員1名　アルバイト1名
▶ 取扱案件の割合　刑事事件　80％
　　　　　　　　　民事事件　20％

1 自己紹介

国選弁護事件として配点されたことがきっかけ

《弁護士としての自己紹介》

　児童ポルノ・児童買春事件については、最初の数件は国選弁護事件として配点されたもので、新法かつ議員立法ということで解釈に疑問がありました。上級審の判断を得るために上訴したところ、上級審の判断も分かれ、次々と判例集に掲載されることになりました。弁護人名が掲載されることもあり、関連する刑事事件（強制わいせつ、児童福祉法違反、わいせつ図画、青少年健全育成条例違反等）の依頼が来るようになりました。

《事務所紹介》

　2002年、勤務弁護士時代の同僚と独立して、大阪地裁の門前の法律事務所専用ビルに開業した事務所です。刑事事件の依頼が増えてきて、前の事務所で戦力外通告を受けたため独立しました。現在は、弁護士2名、事務員1名、アルバイト1名の態勢です。

2 弁護士としての理念

　児童に対する性犯罪・福祉犯というのは、昔からある罪名ですが、公開されている判例が乏しいので、刑事確定訴訟記録法に基づいて全国の同種事案の裁判例を全部閲覧してみると、場当たり的な事件処理をされていて法令適用や量刑にもバラツキがあることが判明しました。弁護人も被告人も気づかないまま誤った法令適用のままで不当に重い刑を受けている例が見受けられました。

　そこで、法令解釈や判例について論文やブログや Twitter で最新の情報を集積し発信するとともに、各罪の趣旨を正確に把握し法令適用を正して適切な量刑を実現していくことが弁護士の責任だと自覚して日々実践しています。

3 経営理念

刑事弁護の基本は

①正確な事実認定

②適正な法令適用

③適切な情状立証で最善の量刑を得ること、に尽きます。

特別法の場合は、法令適用や量刑事由が定まっておらず、裁判例を集積すれば主張すべきポイントが見えてくるので、とにかく裁判例の収集に力を入れています。

児童ポルノ・児童買春法違反に限れば最高裁判例11件のうち9件に関与しており、後続も見えません。この分野での当職の主張の影響力が大きくなっていることを実感しているので、全国の裁判例を集積し、解釈が分かれている論点や量刑相場を把握したうえ、間違いがない事件処理を目指しています。

最近の弁護士広告はいたずらに「強い」「専門」をうたっていて、依頼者の信頼を裏切るものが多いですが、経験・実績の裏付けがある手堅い事件処理が依頼者のニーズなので、判例、著作、学会発表により判断資料を提供することによって経験・実績をアピールしています。

関与した事件（上告事件のみ）

・児童買春、児童ポルノに係る行為等の処罰及び児童の保護等に関する法律違反、わいせつ図画販売目的所持被告事件

　　平成14年6月17日最高裁判所第二小法廷判決（平成12年（あ）1769号）・棄却・大阪高等裁判所

・信用毀損、業務妨害、窃盗被告事件

　　平成15年3月11日最高裁判所第三小法廷判決（平成14年（あ）1198号／平成14年（あ）1239号）・棄却・大阪高等裁判所

・わいせつ図画販売、同販売目的所持、児童買春、児童ポルノに係る行為等の処罰及び児童の保護等に関する法律違反被告事件

　　平成18年2月20日最高裁判所第三小法廷決定（平成17年（あ）1342号）・

棄却・名古屋高等裁判所金沢支部

・わいせつ図画頒布、わいせつ図画販売、児童買春、児童ポルノに係る行為等の処罰及び児童の保護等に関する法律違反、わいせつ図画販売目的所持被告事件

　　平成18年5月16日最高裁判所第三小法廷決定（平成15年（あ）1348号）・棄却・東京高等裁判所

・児童買春、児童ポルノに係る行為等の処罰及び児童の保護等に関する法律違反、関税法違反被告事件

　　平成20年3月4日最高裁判所第二小法廷決定（平成18年（あ）1249号）・棄却・名古屋高等裁判所

・児童買春、児童ポルノに係る行為等の処罰及び児童の保護等に関する法律違反、組織的な犯罪の処罰及び犯罪収益の規制等に関する法律違反被告事件

　　平成20年11月4日最高裁判所第三小法廷決定（平成20年（あ）865号）・棄却・大阪高等裁判所

・児童買春、児童ポルノに係る行為等の処罰及び児童の保護等に関する法律違反、わいせつ図画販売、わいせつ図画販売目的所持、組織的な犯罪の処罰及び犯罪収益の規制等に関する法律違反被告事件

　　平成21年7月7日最高裁判所第二小法廷決定（平成20年（あ）1703号）・棄却・東京高等裁判所

・風俗営業等の規制及び業務の適正化等に関する法律違反被告事件

　　平成21年9月25日最高裁判所第一小法廷決定（平成19年（あ）1706号）・棄却・大阪高等裁判所

・児童福祉法違反、児童買春、児童ポルノに係る行為等の処罰及び児童の保護等に関する法律違反被告事件

　　平成21年10月21日最高裁判所第一小法廷決定（平成19年（あ）619号）・棄却・札幌高等裁判所

・児童買春、児童ポルノに係る行為等の処罰及び児童の保護等に関する法律違反被告事件

　　平成24年7月9日最高裁判所第三小法廷決定（平成21年（あ）2082号）・

棄却・大阪高等裁判所

・児童買春、児童ポルノに係る行為等の規制及び処罰並びに児童の保護等に関する法律違反、強制わいせつ、犯罪による収益の移転防止に関する法律違反被告事件

平成29年11月29日最高裁判所大法廷判決（平成28年（あ）1731号）・棄却・大阪高等裁判所

著書・論文

1999年　『法律業務のためのパソコン徹底活用 book』〈部分執筆〉（藤田康幸編著、トール）

2001年　『ビジネスマンのためのインターネット法律事典』〈部分執筆〉（藤田康幸・LC ネット編、日経 BP 社）

2001年　『会社分割の理論・実務と書式—労働契約承継、会計・税務、登記・担保実務まで—』〈部分執筆〉（今中利昭ほか監修・編、民事法研究会）

2001年　『個人情報保護法 Q&A—個人情報・プライバシーの保護はどうなるか?—』〈部分執筆〉（藤田康幸編著、中央経済社）

2002年　「児童ポルノの罪の訴訟法的検討と弁護のヒント」季刊刑事弁護30号76頁

2003年　「インターネット上の児童ポルノの擬律」情報処理学会研究報告17号11頁

2003年　「児童ポルノ・児童買春弁護人 FAQ（特集 性犯罪弁護に挑む）」季刊刑事弁護35号89頁

2003年　「サイバー法判例解説」別冊 NBL79号判例39・40

2003年　「サイバー犯罪条約の研究」〈部分執筆〉日本弁護士連合会

2004年　『Q&A インターネットの法務と税務』〈部分執筆〉（夏井高人・岡村久道・掛川雅仁編、新日本法規出版）

2005年　『インターネット上の誹謗中傷と責任』〈部分執筆〉（情報ネットワーク法学会・テレコムサービス協会編、商事法務）

2007年　「製造中の児童ポルノ所持罪を否定—児童ポルノ・児童買春法違反

等被告事件（平成18・4・21大阪地判、平成18・10・12大阪高判）（刑事弁護レポート）」季刊刑事弁護50号118頁

2008年　「プロバイダの刑事責任—名古屋高裁平成19・7・6と東京高裁平成16・6・23」情報ネットワーク・ローレビュー7号38頁

2009年　「違法有害情報とフィルタリング（電子商取引）」消費者法ニュース80号313頁

2010年　「携帯関連事件の犯人は何をしているか（情報モラル指導と小中学生の携帯電話　子どもとケータイの現状）」学習情報研究217号14頁

2014年　「ロー・ジャーナル 児童買春・児童ポルノ禁止法の改正：単純所持罪・盗撮による製造罪を創設」法学セミナー59巻10号1頁

2014年　『改正児童ポルノ禁止法を考える』〈共著〉（園田寿・曽我部真裕編著、日本評論社）

4　開業から現在までの経営状況の推移

1998年4月　弁護士登録
2002年6月　独立開業
　以来、月2～3件の性犯罪・福祉犯を受任
　3割は、逮捕・起訴されたという刑事事件
　7割は、社会的地位がある方の事件を穏便に解決するという訴訟前の案件

　コンスタントに入ってくる事件を1件1件丁寧に処理しているので、経営状況の推移はありません。
　事件処理の状況は最高裁判所HPで弁護士名を検索すると把握できます。

5 経営戦略・手法

（1）業務の強み（専門分野）

インターネット関連事件の刑事弁護（不正アクセス行為の禁止等に関する法律・児童買春、児童ポルノに係る行為等の規制及び処罰並びに児童の保護等に関する法律・青少年健全育成条例・強制わいせつ罪・強制性交罪・監護者性交罪・児童福祉法・著作権法・信用毀損・名誉毀損・わいせつ図画公然陳列・電子計算機損壊等業務妨害・不正指令電磁的記録に関する罪）については、判例・文献において高い占有率を占めています。

上記の罪名について、判例・文献で検索すれば、ほとんど当職しかヒットしないと思われるので、特段の差別化の必要はありません。

全国の青少年条例についても自治体の解説書を集積して、回答に備えています。青少年条例についての判例にも多数関与しているので、ときには自治体から条例の改正についての意見を求められることもあります。

（2）ターゲットとする地域・客層

全国のネット利用者です。地域や事案に応じてより詳しい弁護士の応援を求めて共同で受任することもあります。

（3）営業・顧客維持の方法

学会・著作・ブログ・Twitter による発信です。また、法律相談サイト（「弁護士ドットコム」など）で、標準的な解決方法の周知も行っています。

マスコミへの露出は事件にはつながりませんが、正確な知識の普及のために、マスコミからの取材には、業務に支障がない限度で応じています。

遠隔地からはネットの検索や地元弁護士の紹介で相談を受けることが多いですが、遠隔地からの相談であっても、事案の深刻度に応じて、メール・電話・出張面談で対応しています。地元弁護士と共同で受任することも多くあります。

（4）組織、コストの考え方

　同種事件を継続的に処理しており、事務局・弁護士や協力してくださる専門家間で、ルーティーン化している部分が多いので、その点はコストは下げられています。

　コストをかけているのは、未公開裁判例の収集で、これは、刑事確定訴訟記録法に基づいて全国の検察庁を回って閲覧したり、遠隔地の事件の弁護団に参加したりすることで行っています。

（5）働き方

　全国の検察庁等での記録閲覧によって裁判例を収集していますので、頻繁に出張しています。ほぼ5年で全国を1周するペースとなっています。

　出張経費が多いことは税務署からも指摘されているところです。

　また、青少年健全育成条例の解説書や制定経緯については、全国の公文書館や図書館を回って資料を収集しています。

今後について

（1）経営者としての将来の目標

　　弁護活動・研究活動に必要な収益を上げることです。

（2）弁護士としての将来の目標

1　判例を集積して、解釈を固めて、実務の向上を目指す。
2　判例や標準的な対応方法を周知して、弁護過誤を防ぐ。
3　立法者にもフィードバックして、誤解されにくい立法のアイデアを提供する。

　与えられた事件について精一杯努力するだけです。

04

社会起業家向けシェアオフィス運営を通じたビジネスの横断的支援

小野田　峻

Takashi Onoda

業務の中心分野	社会起業家（ソーシャル・スタートアップ）支援 企業法務（主として、企業内に入ってチームで進めていく形態の業務）

PROFILE

- ▶修習期　　　　　新64期
- ▶所属弁護士会　　東京弁護士会
- ▶事務所名　　　　小野田髙砂　法律事務所
- ▶所在地・開業年　東京都文京区本郷三丁目・2016年11月
- ▶事務所員数　　　弁護士3名　常勤事務員1名　非常勤事務員1名
- ▶取扱案件の割合　上場企業等の企業法務業務　　50％
社会起業家（非営利団体を含む）支援業務　　　　　　　　　　　　40％
その他一般民事事件等　　　　10％

1 自己紹介

東日本大震災をきっかけに、
社会における「弁護士」の新たな役割と向き合う

《弁護士としての自己紹介》

「社会起業家」支援を業務の中心にしていますと言われても、皆さん、そもそも「社会起業家」という言葉に馴染みがないと思います。

「社会起業家」という言葉は、厳密にいえば定義の確定をみていない言葉です。ただ、本稿では便宜上、いったん次の意味でご理解ください。

「社会におけるさまざまな課題を、革新的な手法または価値創造、あるいはその両方を用いて解決しようと試みる事業体」

そのうえでさらに、以下では、ほぼ同義ではあるものの、対象となる事業体に非営利団体を含むことを明確化する趣旨で、「社会起業家」ではなく、「ソーシャル・スタートアップ」という表現を用いることとします（なお、「スタートアップ」と「ベンチャー」という用語の使い分けについては、馬田隆明著『逆説のスタートアップ思考』中央公論新社（2017年）での以下の整理がわかりやすいので、本稿でもこれに従います。すなわち、「スタートアップは短期間で急成長を目指す一時的な組織体のことです。新興企業であっても、短時間での急成長を目指さないのであれば、それはスタートアップではありません。着実な成長を目指すものはスモールビジネスと呼ばれます。（中略）近年、この『ベンチャー企業』という言葉よりも『スタートアップ』という言葉のほうが一般的になりつつあります。さらに、国内では急成長を目指さない新興企業のこともベンチャー企業と呼ぶ傾向にあり」ます（20〜23頁））。

さて、私がそのソーシャル・スタートアップというものの支援に関わることになったきっかけは、2011年3月11日の東日本大震災でした。当時私は、岩手県盛岡市での司法修習中に、刑事裁判官室であの揺れを経験しました。

大震災がきっかけ、という言葉には複数の意味があるのですが、ここでは2つだけ、簡単に触れておきたいと思います。

1つは、弁護士登録後から継続して携わっている東北の復旧復興支援活動を通じて、ソーシャル・スタートアップのコミュニティと出会い、その中で私自身、「弁護士」の社会的役割や可能性にとことん向き合ったこと、もう1つは、震災当時の遠野ひまわり基金法律事務所所長であった亀山元弁護士による、災害弁護士メーリングリスト上での問題提起に端を発してその約3か月後に実現した災害弔慰金の支給等に関する法律の改正とそこに至るまでの過程を知ったことです。

　いずれの出来事も、私には、「弁護士」という資格をもつ人間が、民と官、あるいは営利と非営利の橋渡しをしながら、これまで以上に積極的に、社会におけるさまざまな課題を解決する役割を担い得る可能性を指し示しているように思え、それが今の分野を選ぶ大きなきっかけとなりました。

《事務所紹介》

　私の事務所は、私が運営するソーシャル・スタートアップ向けシェアオフィス「social hive HONGO」を併設した法律事務所で、弁護士の執務スペースであるローエリアからガラスを隔てた隣のシェアスペースには、2018年1月現在、防災や救急救命、日本酒文化、シビックテックやオープンガバナンス、介護、食と演劇などの各領域の課題に挑む7社が入居しています（なお、ローエリアの情報管理やセキュリティは、シェアスペースからは独立しています）。また、当事務所が支援しているソーシャル・スタートアップは、入居している法人に限られず、その領域は、日本各地に根付く祭りあるいは薬草の再定義や、ICT・IOT連携による五感拡張など、多岐にわたります。

　そんな少し（かなり？）変わった私の事務所のビジネスモデルは、簡単にいえば、上場企業等の組織内弁護士的な役割（雇用ではなく業務委託）を複数担う業務と、ソーシャル・スタートアップのメンバーと時間や情報を共有することを通じ、彼らの直面するビジネス全般の課題解決を横断的に支援する業務（いわばインハウスローヤーのシェアリング、あるいは、場合によってはチーフビジネスオフィサーの兼務）の2つの業務を柱として成り立って

います。前者は例えば、法的紛争の代理人や社内法律相談はもちろん、法務室等の立ち上げを含めた内部統制体制の構築やリスクマネジメントの対応チームの支援などの業務を主として担っており、こちらはイメージしていただきやすいかと思いますが、後者は簡単に説明するのがなかなか難しいところです。なぜなら、彼らの挑む社会課題の内容や組織のフェーズにあわせて、CEOと協力しながらビジネスモデルや事業戦略について考え、現場では、契約書レビューや調査業務などの法務だけでなく、人事や資金調達、社内外のコミュニケーション、PRやマーケティングなど、さまざまな領域をサポートしているからです。

　後者の業務は、概略を説明されたところでイメージが湧きにくいし、そもそも全くお金にならないのでは？と思われるでしょうか。

　いえいえ、意外にそうではありません。これからの時代の事務所経営においては、目の前の業務から即時に対価（法定貨幣のリターン）が発生する必要は必ずしもありません（もちろん、場合にもよります）。かといって、公益的活動としてというわけでも営業的色彩の業務としてというわけでもなく、ここからは、あくまでキャッシュポイントをどこにどのようにつくるかという話になりますが、その点については後ほど。

2 弁護士としての「想い」・理念

　ソーシャル・スタートアップの課題解決業務と上場企業等の組織内弁護士的な役割を担う業務。私は、弁護士としての業務をこの2つの領域だけに特化させ、一般民事や刑事事件はごく一部の案件を除いて手がけていません。

　こうして私が、ソーシャル・スタートアップの直面する課題全般を支援する業務に振り切ろうと考えたのはなぜか。そこにもまた、複数の理由があるのですが、今振り返ってみれば、伝統的な職人的弁護士というものへの尊敬の念を抱きつつ、その反面、弁護士業界が目の前のニーズを満たすだけでは

04 Takashi Onoda　　45

必ずしも社会の変化に対応しきれないのではないか？という疑問をもっていたことが、きっかけとして大きかったかもしれません。

「伝統的な職人的弁護士」という言葉はひどく曖昧、多義的で、ともすると弁護士の数だけ定義が分かれてしまう可能性もありますが、ひとまずここでは、「日々のさまざまな弁護士業務をこなす中で特定の法分野の業務に習熟していき、やがてはその分野の専門家としての評価を受けるべく精進を怠らない弁護士」と定義してみます。そう定義したうえで、私の頭に浮かぶ先生方は、本当にどの先生もそうあれたらよいなという方ばかりです。ただ、他方で、私は、そんな先生方のように、自分が特定の法分野における専門家として社会的に評価されることを目指すことには向いていないなと思いました。それは、"専門性"という言葉のもつ意味や価値、さらには、"司法"というものの役割すら"行政"や"立法"との関係において再定義することを余儀なくされている現代社会において、誰かの課題解決をサポートする、あるいは権力やルールの不合理を糺していくには、自分1人の知識や経験だけでは到底足りない、さまざまな領域のさまざまな人たち（時には専門家であるか否かすら問われない）がチームとなってのぞむ必要があるという考えをもっているからです。私にとっては、これまでとは根本的に質の異なる変化が訪れようとしている世界を目の前にして、特定の法分野に特化してしまうことのリスクは明らかでしたし、自分が「伝統的な職人的弁護士」になるまでの時間を待ってはいられないとも思いました。言い換えれば、自分が「伝統的な職人的弁護士」を目指しても、市場において広く必要とされるイメージが全く湧かなかったのです。

いずれにしろ、私の場合、有り難いことに環境や諸先輩方とのよき出会いに恵まれ、弁護士登録後も職人的な弁護士への憧れをもち続けることができたからこそ、かえって今というこの時代で、自分がどのような弁護士を目指すべきなのかという自問自答をし続けることとなりました。

そして、そんな葛藤から生まれた疑問が、やがては、「弁護士」という資格をもつ人間が、これからの時代において果たすべき役割とは何か？という、より大きな問いへとつながっていきました。

3 経営理念

　　シェアオフィスの運営を基盤とするソーシャル・スタートアップの課題解決支援と、上場企業等の組織内弁護士的な役割。私がこの２つを事務所業務の中心に据えていることについてはすでにご説明したとおりですが、具体的な経営の話に入っていく前に、法律事務所併設のシェアオフィスの運営とソーシャル・スタートアップの課題解決支援のシナジーについて少しだけ、補足しておきます。

　シェアオフィスの運営も、ソーシャル・スタートアップ支援も、いずれも全く馴染みのない先生方にとってはおそらく、これらが１つの「業務」として成立しているといわれたところで、その具体的な中身の想像が全くつかないと思います（同じ弁護士会の親しい弁護士の大半も、ほぼ同様の反応です）。

　それこそ先生方が、私の方まで直接連絡くださって、当事務所まで見学にお越しくだされば、可能な範囲内で業務の概略を喜んでお話しするのですが、ここでは紙面の都合上、事務所とシェアオフィスの併設によるメリットについて、その概略を示します。

①顧問先との柔軟で密な時間と情報のシェアリング

②社会課題解決に関するスキルやノウハウの高速な集積と緩やかなシェアリング

③当事務所や私自身をハブにして、さまざまな領域の官民のプレイヤー同士の接着点を増やし、さらに、個々への興味関心、世間の注目を重ね合わせまたは束ねることによる、イノベーション創発の促進

　これらのメリットのうち、一番わかりやすいのは①でしょうか。

　定例・スポットを問わず顧問先とのミーティングというと、意外に手間なのが日程調整や情報共有かと思いますが、お互いの活動場所が隣同士であることで、空き時間を利用したミーティングや雑談を通じ、柔軟で密な情報共有が可能になりました。向こうがこちらの空いている時間で私を捕まえる、こちらが向こうの業務中にふらっと覗いて事業の進捗について尋ねる、というような形です。お互いの予定が合わなければ、気兼ねなくリスケをするこ

ともできます。

　上記①〜③のメリットは、いずれも事務所開設時にある程度は想定していたものの、いざ開設してみると、よい意味で私の初年度想定の範囲を超える形で機能しました。例えるなら、当初の私の想定はいわゆるサロンやラボに近いものでしたが、実際は、情報が無数に行き交い、多様な試行錯誤の結果が多層構造化していく意味で、まるでヒトの脳やディープラーニングの手法のように機能し始めたといった印象です。まだ始まったばかりではありますが、この取組みの中に、日本らしいイノベーション創発の手法の萌芽を感じています。

開業から現在までの経営状況の推移

2011年12月	弁護士法人　筑波アカデミア法律事務所にて弁護士登録
2015年4月	Mistletoe株式会社代表取締役兼CEOの孫泰蔵氏とNPO法人ETIC.（2017年10月に東京都から認定NPO法人としての認定を取得）代表の宮城治男氏を発起人とするソーシャル・スタートアップアクセラレーションプログラム「SUSANOO」において、社会起業家によるイノベーション創発を促進する事業構想（「民衆立法」という新たな政策形成手法）が、第2期として採択
2016年4月	スペインからの帰国後にリーガルテックを主とする起業の道を模索していた直田庸介弁護士とともに、小野田・直田法律事務所（現・直田法律事務所）を開業
10月	東京都文京区本郷三丁目にて、ソーシャル・スタートアップ向けシェアオフィス「social hive HONGO」をオープン　スタート時の入居団体は以下の計3社（括弧内は事業概要）

　　　　　　　・Coaido 株式会社（突然の心停止ほか緊急事象への対応）
　　　　　　　・一般社団法人防災ガール（これからの時代に必要な防災）
　　　　　　　・ナオライ株式会社（多様な日本酒文化の継承と地域創生）
2016年11月　　小野田・直田法律事務所を退所、東日本大震災の復興支援活
　　　　　　　動をともにしていた髙砂太郎弁護士と合流し、「social hive
　　　　　　　HONGO」併設の小野田髙砂　法律事務所での業務を開始
　　　12月〜　　順次、以下の団体が「social hive HONGO」に入居
　　　　　　　・有限会社プラスチャーミング（おしゃれなふんどし
　　　　　　　「SHAREFUN」の普及。なお、後に移転により退所）
　　　　　　　・一般社団法人コード・フォー・ジャパン（官民共創のため
　　　　　　　のシビックテック）
　　　　　　　・株式会社 Join for Kaigo（介護人材領域のイノベーショ
　　　　　　　ン）
　　　　　　　・株式会社ニュートラルワークス（人の行動を促すクリエイ
　　　　　　　ティブ戦略）
　　　　　　　・株式会社 Alave（"演劇ごはん"という手法を用いた食と
　　　　　　　演劇の各領域の課題解決）
2017年10月　　非常勤の事務員採用
2018年１月　　弁護士１名加入（「social hive HONGO」の現在の入居団
　　　　　　　体は計７社）
　　　４月　　常勤の事務員採用

5 経営戦略・手法

（1）働き方

　　私にとってとても幸運だったのは、私が当事務所開設よりも以前に、期せずして、自身のビジネスモデルの時代適合性や将来性の仮説検証をする機会を得たことです。

それは、ソーシャル・スタートアップアクセラレーションプログラム
「SUSANOO」との出会い、そして、当時の同プロジェクトリーダーであっ
た渡邉賢太郎氏[1]との出会いによりもたらされたものでした（ちなみに、
2015年4月当時、すでに私は、企業内業務を始めていましたので、私がソー
シャル・スタートアップの課題解決支援と組織内弁護士的業務の兼務をス
タートさせたのもちょうどこの頃から、ということになります）。

　そのSUSANOOのホームページ（https://www.susanoo.etic.or.jp）には、
2018年1月現在、例えば以下のような言葉が掲げられています（なお、以下
に出てくる「ソーシャルチェンジメーカー」は、ソーシャル・スタートアッ
プの代表者、または事業化に向けた挑戦への一歩をすでに踏み出した個人と
いった趣旨でご理解ください）。

Mission
私たちはソーシャルチェンジメーカーを支え、
革新的な挑戦の種を育くむことで、その生態系づくりに貢献します。

Who we support
わたしたちが応援したいソーシャルチェンジメーカーとは、
以下のような挑戦者です。

1．重要な問題にも関わらず、当事者がサービスの対価を支払うことが難
　しい「市場の失敗」分野に挑む
2．人々の暮らしや社会に良い影響を与えようとする
3．特定分野のこれまでのパターンを劇的に変えようとする
4．部分的な規模・効率だけでなく、全体のバランス、多様性、関係の質
　などを重視する

1　大分県別府市出身。立命館アジア太平洋大学卒業。三菱UFJモルガン・スタンレー証券を退
　職後、2年間で40か国を訪れる世界一周の旅へ。2013年8月よりNPO法人ETIC.に参画、
　SUSANOOを立ち上げ。「自分らしく挑戦する人々が応援される社会」をテーマに「ソーシャ
　ル・リソースマーケット」の構築を通じた「挑戦者の生態系」づくりを目指す。著書に『なぜ
　日本人は、こんなに働いているのにお金持ちになれないのか？―21世紀のつながり資本論』い
　ろは出版（2015年）、『なんとなく会社に行くだけの人生を送りたくないあなたへ。自分らしく
　生きるための7つの力』ポプラ社（2016年）。

5．楽観的に物事を捉え、何事も柔軟に進めようとする

Our Philosophy

- 自分らしさの最大化が、もっとも大きな創造力につながる
- 画一化ではなく、多様性こそが豊かさの源泉
- 独占ではなく、共有から革新が生まれる
- 評価して切り離すよりも、共感して融合
- 競争よりも、共創
- 目に見えるものと同じくらい、目に見えないものも大事にする

　これらの言葉は、「SUSANOO」発足当初から存在していたものではありません。また、誰かの受け売りでも、プロジェクト内の特定の誰かが唱えている観念的な意味合いしかもたない空疎な言葉でもありません。

　これらの言葉は、ソーシャルチェンジメーカーや彼らを支える方々が、各々の生の現場の中で得た気づきを互いにもち寄り、時に意見をぶつけあい、背中を預けあい、そうした過程の中で少しずつ紡がれていったものです。だからこそ、これらの言葉はこれからも、変化し続けていく言葉であるともいえます。

　私は、「弁護士という資格をもつ人間が、これからの時代において果たすべき役割とは何か？」と考えていたちょうどその時期に、弁護士が行き交う世界のその外側の世界で、職業も、社会的立場も、知識や経験、個人的な能力や実績も関係なく、自分の立ち位置からしかみえない景色を前にして、真摯に地道に自分たちの「生き方」と向き合い続ける方々と出会うことができました。そして、そのコミュニティの中で、ソーシャルチェンジメーカーという新しい「働き方」が定義されていく過程（時代の転換点）の始まりに立ち会うことができ、結果として、ソーシャル・スタートアップの支援と企業法務の業務のシナジーについての仮説検証を数多く、比較的早いサイクルで実践するという機会を得ました。

　弁護士である前に、経営者である前に、１人の人間として、自分は自分の限りある時間をどう生きるのか。

これは元来、私自身が有していた個人的な問いではありましたが、ソーシャル・スタートアップの支援を通じて、以前にも増してより色濃く、その問いを常に自分の傍らに置きながら弁護士業務に取り組むことができていることは、本当に幸運なことです。

（2）業務の強みとターゲットとする客層

広くソーシャルチェンジメーカーの支援、あるいはそこを入り口として、ソーシャル・スタートアップやベンチャーの立ち上げに関わり始めたことをきっかけとして、自分が弁護士であることをいったん横に置き、とことん彼らの目線から、弁護士や法律事務所のビジネスモデル（事業内容やそこで提供される価値の量と質、マネタイズの方法等）、さらにはスタートアップ（特にシード期）支援における弁護士に求められる役割というものを考えたときに、気がついたことがいくつかありました。大きなところでいえば、以下の2点です。

①ベンチャー支援を標榜するような法律事務所（弁護士）と創業初期のソーシャル・スタートアップとの間で、ミスマッチや相互不理解が少なからず生じていること

②弁護士がこれまで同様、"代理人であること"と"調査検討の対象は過去だけ"という、ある種の職業上の矜持に固執してしまうと、「弁護士」という職種（業界）が、ソーシャルチェンジメーカーやスタートアップを継続的に支えるエコシステムの一翼を担う役割を期待されない可能性があること（少なくとも現状は、特定の先生方を除き、期待されていないこと）

まず①については、私のところに、セカンドオピニオンを求める相談が定期的にあるほか、ミスマッチや相互不理解に起因する具体的な相談をいただくこともあります。ただ、現状、これにはやむを得ない面もあると思っています。なぜなら、ソーシャル・スタートアップの支援において弁護士に求められる動き方というのは、例えばIPOやバイアウトをエグジットにするようなベンチャーとは、量的にも質的にも異なるところが多いのですが、だか

らといって、これまでベンチャー支援を数多くこなされてきた先生方が、その依頼者に限ってそれまでとは異なる支援をするとなると、自分の手持ちの他案件や、さらには事務所の業務処理フロー全体にまで影響を及ぼしかねないからです（単価やキャッシュポイントの問題から考えれば、事務所の方針を見直すところまでやらないと、ビジネス的にペイするビジネスモデルを構築できないでしょう）。また、ソーシャル・スタートアップの側も、あらゆるリソースが足りない、リスクの見通しも立たない、目の前には常に未知の不安ばかりという状況の中で、費用対効果を考えながら「弁護士」という肩書きの人間を主体的に使いこなすというのはほぼ不可能です。

　これらの点は、②についても関わってきます。

　ソーシャル・スタートアップというのは、いわゆる「市場の失敗」分野に挑んでいることもあって、一般的なビジネス以上にとにかく人材が足りません。あらゆることを限られた人員でこなさなければならないため、チームメンバーそれぞれが刻々と変わっていく社内外の状況の中、さまざまな役割を兼務しながら事業を進めていかなければなりません。そうであるにもかかわらず、「弁護士」という肩書きをもつ人間だけが、"代理人であること" と "調査検討の対象は過去だけ" という考えに固執してしまうと、彼らの側からしてみれば、「そもそもそんな人材は現状では必要ない」という判断となり、さらには、上記①のミスマッチの体験と相まって、かえって本当に必要な場面で弁護士を使うことをせず、事業が停滞してしまうことにもつながります。

　このような事態は、ソーシャル・スタートアップの世界と弁護士業界の接着点が一向に増えていかないということを意味しますし、それは同時に、彼らを支援するために必要なスキルやノウハウが弁護士業界の側に蓄積されていかないという悪循環が放置されることをも意味します。

　では、この事態を打開するためにはどうしたらよいのでしょうか？

　答えは案外シンプルで、上記①と②とは逆のこと、つまり、

　ア　専門職であることにとらわれず、代理人ではなく当事者、チームの一員としてサポートする

イ　調査検討の対象を過去だけではなく、未来と、未来に視点を置いたう
　　えでの「過去としての現在」にまで広げる

ことが、この分野に関わる弁護士のスタンダードになればよいのです。

　ただ、あくまでこれは、私の仮説に過ぎません（海外でほぼ同趣旨のスタ
ンスを提唱している弁護士がいますが、日本においてもあてはまるかどうか
は未知数です）。そうであれば、本来はここをさらに掘り下げるべきかもし
れませんが、紙面の都合上、上記アとイの２つの観点の具体例として、ソー
シャル・スタートアップと私の実際の関わり方をそれぞれごく簡単に紹介す
ることにします。

ア　Coaido 株式会社による、豊島区での「Coaido119」アプリを使った民
　　間自律救命モデルの社会実装事業について

　「social hive HONGO」に入居している Coaido 株式会社は、「Fast Aid
Anywhere　どこでも迅速な緊急対応ができる社会をつくる」をビジョン
に掲げ、「Coaido119」という119番通報をしながら周囲に SOS を発信でき
る緊急情報共有アプリにより、社会に眠る「共助力」を顕在化し、緊急時
にそれらをつなぐインフラを構築することで救急救命の社会課題の解決に
取り組んでいるスタートアップです（2014年６月創業）。

　「Coaido119」アプリは、2017年３月に、経済産業省「第３回」IoT Lab
Selection でグランプリを獲得したことを受けて、IPA（独立行政法人情
報処理推進機構）の委託事業として採択され、同年８月から、豊島区での
実験的な社会実装が開始されました。この実装事業における私の役割は、
同社のチームの一員として、2018年１月までの事業期間中、数多くの行政
担当者や民間事業者らとの打合せの席に同席し、ビジネスモデルの構築・
検証を進めていくというものでした。

　そこで得た多くの成果の中でも、多企業連携（コンソーシアム）の構築
とクリエイティブリソースのシェアリングを目的として一般社団法人を設
立し、同法人を、「Coaido119サービス」の利用者促進の加速化と、持続可
能な民間救命ボランティアネットワークを自走していくいわばプラット
フォームとして用いるという手法は、これまでは非営利という選択肢しか

ないように考えられてきた社会課題解決に関する啓発活動を、参画した企業それぞれのリソースをシェアしながら営利事業の一環として行うことを可能とする点で、私自身、一般社団法人という法人形態の柔軟性を再認識するとともに、その汎用性に思い至るきっかけとなりました。

イ　一般社団法人防災ガールと公益財団法人日本財団による、津波防災の普及啓発プロジェクト #beORANGE について

　同じく「social hive HONGO」に入居している一般社団法人防災ガールは、「防災があたりまえの世の中に」をビジョンとし、「防災をこれまでにないフェーズへ」というミッション、「そろそろ新しい防災の話をしよう」というメインコピーを掲げ、20代から30代の女性を中心に、新しい防災概念をさまざまな形で提起し続けているスタートアップです（2013年3月設立[2]）。

　彼女たちの活動の中でも、特に公益財団法人日本財団との共催で始動した津波防災の普及啓発プロジェクト #beORANGE は、広く皆さんに知っていただきたい活動の1つです。このプロジェクトは、海に映えるオレンジ色を使ったフラッグを津波避難ビル・タワーに掲げることで、緊急時に避難する先をわかりやすく示し、さらにはプロジェクトに共感する賛同者もキーカラーとなるオレンジで可視化し、オレンジフラッグを活用した避難訓練も実施することで、日本全体を巻き込んで「海と共に生きる」未来をつくる、というものです（http://beorange.jp/about/ 参照）。

　東日本大震災以降、日本全国で「防災」への注目度が高まりつつありますが、津波防災は、想定される被害の大きさに比して十分とはいえず、特に、津波防災のソフト面対策は、残念ながら、具体的で効果的な施策が講じられているとは言い難い面があります。世界有数の災害大国であり、島国である日本だからこそ、やがて来る南海トラフ地震に備え、さらには、未来から現在を見つめ直し、世界の模範となるような津波防災のあり方に

2　代表理事の田中美咲氏は法人設立から丸5年の今春、"Women in Businesses for Good" というプログラムのもと、パリを拠点とするSparknewsと世界の国際的なメディア20社が選ぶ女性社会起業家として選抜された22名の中に、日本人として唯一ノミネートされただけではなく、その後の一般投票で世界1位となりました。

ついて考える必要があります。

　つまり、このプロジェクトでは、津波防災のソフト面対策（特にオレンジフラッグ）が、全国津々浦々で恒常的に実施されている未来の実現のために、今必要なアクションを講ずることが求められたわけですが、そこでの私の役割は、マクロでみれば法制化に向けた下地づくり、ミクロでみれば、行政施策化や行政から民間へのお金の流れの恒常化に向けた調査検討、法律や条例を策定すべき必要性や相当性に該当する事実の収集でした。取っ掛かりを見いだすための作業は常に試行錯誤でしたが、その中でも例えば、南海トラフ地震津波避難対策特別強化地域に指定されている全国139市町村を対象に、津波防災計画のソフト面対策の充実度をスタッフとともに独自に調査し、私の方で独自の評価基準を策定のうえランキング化し、プレスリリース（http://beorange.jp/release/）を出したことについては、その後に生まれたさまざまな動きとあわせて、特定の社会課題の解決の行政施策化に向けた、いわば行政の主体性の促進のための１つの手法を示せたのではないかと思っています。

　さて、具体的な話はいったんここまでにして、本筋に戻します。もし、私のこういった活動が時代の要請とマッチするのであれば、ここを先取りできていることが私の業務における強みということになるのかもしれません。実践しながらスキルやノウハウを集積し、そのスキルやノウハウによって得られた成果が実践できる場の呼び水となり、さらにスキルやノウハウが集積していくという好循環が生まれています。これ自体は、取扱い業務を特化しさえすれば、何も珍しいことではありません。ただ、ソーシャル・スタートアップの支援業務に限っていえば、特化させるというだけでは事務所運営を成り立たせるのは難しいことは事実だと思います。この分野は、単に依頼を集めるだけという数の勝負では、ビジネスとして成り立たないからです。というのも、この分野でビジネスを成り立たせていくためには、事業の成長性や社会的に一定の役割が期待できるソーシャル・スタートアップを見抜く、いわば目利きの能力と、彼らが社会の期待に応え得る存在となるまで、彼ら

の一番の味方として伴走し続ける能力が必要だからです。

そのためには、自分の経験（自分の思う"当たり前"や"弁護士像"）の延長上だけで物事を考えないことが必要になります。自分の人生経験をフル活用し、あるいは、時にはそれを潔く全て捨て去りながら、ただただ相手のために何ができるか、何を提供できるか、何と何をつなげられるか、それを常に全力で、考え続ける必要があります。上から目線ではなく、隣から、後ろからの目線、あるいは彼ら自身の目線から。

ちなみに、誤解がないように付言させていただくと、ここまでの私の見解は、何も専門家としての弁護士が不要という話ではありません。むしろ、あらゆるものがオープンになり、シェアすることが当たり前の時代だからこそ、学問発展のためにも権力監視のためにも、特定の法分野を追求し続ける存在は絶対的に必要です。しかし、そのポジションをビジネスとして成立させることのできる弁護士は、これからの時代はより一層、その数が限られます。そうであるにもかかわらず、今もなお、特定の法分野に特化することだけが業界のスタンダードであるかのような業界の現状には違和感があります。

（3）営業・顧客維持の方法

ここまでお読みいただいた方の多くは、「で、結局のところ、どうやって稼いでいるの？」と疑問に思われているかと思います。

当事務所は体制づくりの途上ですので、「稼いでいる」とまではまだまだいえません。ただ、想定していたよりは早いペースで、事務所経営上問題のない状況までは来ることができました。ほぼ毎月、新たなソーシャルチェンジメーカー、スタートアップと一緒に、社会をよりよくしていくプロジェクトに関わる機会を得ています。

そんな当事務所のキャッシュポイント上の特徴は、以下の2点に集約されます。

①所属弁護士は皆、組織内業務の兼務によってベースとなる収益を上げ、
　ソーシャル・スタートアップの顧問料や業務委託費用を（彼らの事業規

模が小さいうちは）極力低く抑える。

②ソーシャル・スタートアップの課題解決支援業務については、事業規模に応じて段階的に顧問料の増額やタイムチャージ制の導入を検討しつつ、例えば、大企業や行政との間で、予算付きの実証実験や製品開発のプロジェクトが立ち上がった場合に、そのプロジェクトへの参画にかかる法務フィーを設定するなどして、スポット的な業務とは異なるキャッシュポイントをつくる。また、シェアオフィスの入居団体については、顧問料とは別途、施設利用料を設定する（なお、弁護士会には有償事業の届出済み）。

上記の２点を時系列で捉え直すと、①のフェーズにおいては、当事務所の側が支援先に対して事実上、時間とお金を投資している形になりますが、この時期も、クライアントの日々の事業に関する情報やその想いを密に共有することで、事業価値の拡大に寄与することができますし、その後、②のフェーズにおいて、少しずつ業務内容に見合った対価が発生していくことになります。

また、上記２点を、営業的なメリットという側面から捉え直すと、上記①は、単にソーシャル・スタートアップへの費用的な配慮というにとどまらず、彼らの横のつながり（口コミ）を介して、スタートアップの世界と当事務所との接着点を増やしていくことができるというメリットがありますし、上記②も、単にレベニューシェア的なマネタイズというだけではなく、ソーシャルチェンジメーカーという稀少性の高いプレイヤーの存在を介して、大企業や行政と当事務所との接着点を着実に増やしていくことができるというメリットがあります。

特に後者については、このビジネスモデルを約１年回してみて、そのメリットの大きさを実感しています。本来なら、何十年も弁護士としての研さんを積むか、あるいはマーケティングやブランディングに相応の費用をかけなければおそらくは認知すらしてもらえないような大企業や行政の担当者に、私という存在を知ってもらい、その力量を示す機会をいただけて、場合によっては別の機会にお声がけいただけるというのは、大変ありがたいこと

です。

　ちなみに、以上の説明が、前述の「目の前の業務から即時に対価（法定貨幣のリターン）が発生する必要は必ずしも」ない、「あくまでキャッシュポイントをどこにどのようにつくるかという話」に該当する部分で、つまりは、キャッシュポイントを後ろにずらすというのが回答になります。

　だからこそ、当事務所のビジネスモデルにおいては、事業の成長性や社会的に一定の役割が期待できるソーシャル・スタートアップを見抜く目利きの能力が必須となるわけです。

（4）組織、コストの考え方

　近年、情報技術の革新に伴い、「組織」や「コスト」をどういうものと捉え、それをどう管理運用するかが、ビジネスにとどまらず、広くコミュニティ全般の課題となっていることは皆さんもご承知のとおりかと思いますが、かくいう私も、さまざまな仮説検証を回しながらその最適解を模索し始めたばかりですので、ここでお話しする内容は非常に悩ましいところです。

　ですので、ここではひとまず、当事務所の現状の仕組みのうち特徴的な点を２点ほど、「組織」と「コスト」の面から説明するにとどめます。

　まず、当事務所の最大の特徴であるシェアオフィスの併設という仕組みの最大のメリットは、各入居団体が、施設利用料の支払いを通じて家賃相当額の経費の一部を負担し、あるいは、スキル、ノウハウ、人脈や仕事をシェアする仕組みを通じて、お互いを支え合うミニマムのエコシステムを構築でき、それが同時に、事務所経営的には、「コスト」の圧縮と付加価値の提供を実現できているという点にあります。これがもし、私がシェアオフィスを併設させることなく、単に顧問料を自分だけの収益としてしまっていたなら、その利得は当然私だけに帰属し、さらに私は別途、事務所の固定費を日々の業務から捻出し続けなければならなくなっていたところです。つまり、法律事務所と顧問先を別個の「組織」と捉えて固定化してしまうと、かえって固定費や顧問先への継続的な価値提供という経済的・時間的な「コスト」を発生させることになりますが、それを、シェアオフィスの併設という

手法を通じて、社会課題に挑むいわば1つのチーム、緩やかな「組織」と捉え直すことで、事務所の固定費という「コスト」は各入居団体の施設利用料により圧縮できるだけでなく、各入居団体間でのスキルやノウハウの緩やかなシェアリング、世間の注目を集めることによるイノベーション創発の促進といった付加価値すら提供することが可能となるわけです。

　「組織」という関係性を見直すことで、「コスト」だと思われていたものがコストではなくなり、かえって付加価値になるという図式は、実は、上記（3）①にいう当事務所の特徴（上場企業等の組織内業務の複数兼務によってベースとなる収益を上げ、ソーシャル・スタートアップの顧問料や業務委託費用を極力低く抑える）にも同様にあてはまります。

　すでに説明したとおり、当事務所は支援先の規模に応じて、事実上、時間とお金を投資していく、いわば「コスト」をかけるフェーズを経るわけですが、このフェーズは、例えば一般的なマーケティングやブランディングの手法に比べると、そのコストを低く抑えつつ、（想定）受益者へのリーチを効率的に拡大させていくことができます。

　現状、弁護士業界におけるマーケティングやブランディングの手法の多くが、情報格差を主たる収益源とすることを前提に、その格差の上位層へと続く階段に立派な手すりをつけて登りやすくして、耳馴染みのよい言葉を投げかけているわけですが、そんなアプローチをとったところで、（想定）受益者が恭しく、あえてそこを登ってくるということは、昔ほどそう多くはありません。さまざまなツールや価値観が日進月歩で変化していく中で、業界（個々の事務所）の側が、自分たちの用意する階段の有益性をどれだけ声高に訴えたところで、その存在を認識してもらい、かつ、そこを登りたいと思ってもらえなければ、コストをどれだけかけたところで全く意味がありません。まずは、ロビーに集まる多様な人の群れに混じって話を聞き、チームの多様性を担保する役割を担いながら、彼らと一緒に別の階に続く階段を登り始めたなら、もしかすると、その道の途中で、「弁護士」という役割の有益性に気づいてもらえるかもしれません。

　つまり、一見すると事務所運営にとってはコストに思える時間でも、とい

うより、そういう時間こそが、ゆくゆくはさまざまな分野の人たちに"あの人とまた一緒に仕事をしたいな"と思ってもらえる大きな価値につながっているということです。そして、課題解決を目指すチームの多様性を担保する役割という新たな役割を与えられる「弁護士」に必要な能力はきっと、課題の当事者やその周囲にいる人たちをどれだけ納得させ、感動させ、信じたいと思わせられるかどうか、かつ、その化学変化を、自分と他者との間だけではなく、他者と他者との間でさえ引き起こせるかどうかという、もはや個人では完結し得ない能力ではないかと、私は考えています。

これからの時代、これまで以上に"人"が重要な時代になってくるはずです。何を当たり前のことを、と思われるかもしれませんが、（解決できるかどうかは別として）課題に関わるということは結局のところ人を動かしていくということに尽きます。そして、「組織」の垣根を越えて、人と人との関係性の中にこそ付加価値を見いだすには、この世界が今この瞬間、どのように回っているかを知ろうとし続ける必要があるのではないでしょうか。

もちろんこれは、自戒を込めた認識です。

6 今後について

医師には臨床医とは別に、薬をつくる医師がいて、そのどちらが偉いというわけではなく、どちらも必要です。この対比を弁護士という職業に置き換えたとき、弁護士の場合は、事件解決や対処療法が仕事の本分ですので、基本的に臨床の立場の者しかいません。ただ、例えば議員兼弁護士は、ルールを変え、時に根本治療をも実現し得るという点で、薬をつくる医師と似ているようにも思えます。しかし、議員が代表者として提出された法案（内閣依頼立法を除く議員立法）の成立件数が、全体の成立件数の1割にも満たないこともあるこの国で（例えば、第186回通常国会（平成26年）において、成立した法案の合計件数100件のうち、議員立法は21件、そこから委員長提案である内閣依頼立法を除いた、議員が代表者として

提出された法案はたった４件）、そのポジションが与え得る影響は社会の変化に対応しているとは言いがたいように思えます（もちろん、内閣提出法律案の作成過程に関わることができる与党議員とそうではない野党議員とでは全く立場が異なりますが、いずれにしろ社会の変化に即応できないことに変わりはありません）。となると、薬をつくる医師とパラレルに考えられる弁護士のポジションはないのでしょうか？

　そう考えたときに私が思い至ったのが、「市場の失敗」分野に挑む、ソーシャル・スタートアップを支援する弁護士、というポジションでした。

　私はこの分野を、これからの時代の弁護士業務の１つのスタンダードにしたいと思っています。そしてさらには、「弁護士」という資格を個性の１つとして選んだ方々が、広く社会課題解決のためのリソースとして活躍する未来を目指したいと思っています。

　とお伝えしつつ、さて最後に。

　ここまでの話をひっくり返してしまうような発言で非常に恐縮ですが、私は、ソーシャル・スタートアップのチャレンジが成功するかどうかを保証できる存在ではありません。当たり前といえば当たり前ですが。

　私がこだわりたいことは常にただ１つで、ソーシャルチェンジメーカーという新しい「働き方」を「生き方」として選んだ方々の自己決定・自己実現の価値を最大化することだけです。それはただ、横で応援しているだけ、ともいえます。それが私が選んだ「働き方」でした。

　「働き方」は「生き方」です。

　ここまでお読みいただいた皆さんの「働き方」そして「生き方」も、機会がありましたら是非、私に聞かせてください。そしてもし可能なら、ワクワクする未来をご一緒しましょう。

COLUMN
弁護士業と法人営業の相乗効果
井垣 孝之 Takayuki Igaki

PROFILE···
66期（大阪弁護士会）、ロー・リンクス法律事務所。弁護士業以外に、起業家育成や
企業向け研修等の事業を5つ経営しつつ、弁護士会のシステム改定も担当。著書に
『37の法律フレームワーク―誰も教えてくれない事例問題の解法―』（2016年・ウィズ
ダムバンク）。

1　弁護士業と法人営業の共通点

　私は弁護士以外に6つの事業に携わっていますが、今回はそのうち研修講師業についてお話しします。

　私は、2017年の後半から某東証一部上場企業で法人営業の研修講師をしています。扱う商材は、1台1億円以上する工場向け機械。私は研修をするまで、その機械のことは一切知りませんでしたし、そもそもほとんど法人営業というものをしたことがありませんでした。それなのに、なぜ法人営業の研修講師ができるのでしょうか。

　まず、私は弁護士の仕事を次のように理解しています。弁護士業とは、依頼者の問題を解決する仕事であり、具体的には、依頼者の抱える問題を把握し、その問題に対して法的知識と法的思考を駆使して解決策をつくり出し、依頼者・相手方・裁判所に対して意思決定をしてもらう仕事です。

　他方、法人営業は、単に商品を売ることが仕事と思われがちですが、そうではありません。顧客の抱える問題を把握し、それに対して解決策としての商品（ソリューション）を提供し、商品を購入する意思決定をしてもらうことが仕事です。

　実は、弁護士業と法人営業の仕事は、どちらも顧客の問題解決という点では構造が同じなのです。そこで、私は弁護士業の構造を法人営業にあてはめ、体系化を試みました。

　法人営業の営業スタッフは、ほとんどの方が目の前の仕事で手一杯で、

自分の営業ノウハウを体系化するということはしていません。そもそも暗黙
知の体系化という作業は苦手な方が多いです。そこで私は、法人営業のプロ
セスと思考過程を構造化し、業界知識と営業の現場については営業スタッフ
の方からヒアリングし、テクニック的なところは書籍で補充して研修をつ
くってみたのです。

　その結果、この半年間で、最初に実施した課では内容の異なる丸一日の
研修を4回開催させていただき、さらに隣の課でも実施してほしいというお
声をいただいて、少しアレンジした研修を2回実施しました。

　実際に法人営業の研修講師を務めてみて感じたことは、大企業の従業員
の皆さんは、普段から上司や役員という権威と接しているからか、弁護士と
いうだけで懸命に話を聞いてくれるため、とても研修が行いやすいというこ
とでした。そういう意味でも、弁護士と大企業の研修講師は非常に相性がよ
いと思います。

2　研修講師業のモチベーション

　丸一日の研修をつくろうと思うと、準備に少なくとも数十時間はかかり
ます。大量の書籍を読む必要がありますし、現場のことは何もわからないの
で詳しくヒアリングする必要もあります。

　しかし、やはり何かを学ぶには人に教えるのが一番です。全く経験のな
いことであっても、人に教えた知識やスキルは、自分の血肉になっていきま
す。今回、法人営業の研修講師を務めたことで、私の営業能力が格段に上
がったことを実感しています。ビジネスにおいて仕事を獲得する能力は売上
げに直結しますから、時間がかかっても法人営業のノウハウを体系化する経
験ができたことは、大きな財産となりました。同時に、法人営業の研修から
フィードバックを得て、弁護士業自体の問題解決能力も上がったとも感じて

COLUMN

いるため、非常に意義のある時間投資になったと思います。

3　現在のワークスタイルと今後の仕事について

　現在、私は何か新しい動きがあればすぐ対応できるように、できるだけスケジュールはスカスカになるように努めています。それでも事務所はなんとか回る程度の収入はありますし、他の事業の収入もあるので資金繰りは問題ありません。このように複数の収入源をもち、弁護士業以外の仕事にも注力するというワークスタイルにしている理由は、弁護士業界が今後、資金力のある事務所が勝つような厳しい市場環境になるだろうと思われるので、他の収入源がなければ好きな仕事をし続けることはできないと考えているからです。

　今後の仕事についてですが、実は今、研修講師を務めた企業の、絶対に取らないといけない案件の営業を私が担当しています。客先を訪問するだけでなく、どのように営業するのか、なぜこんなことをするのかを OJT で教えていくということもしています。法人営業の研修講師が、実際に教えた受講生とともに法人営業をするというのはなかなかエキサイティングですが、自分が教えた内容が正しいことを実証する機会を得られたことに、とてもワクワクしています。

　これからは、弁護士業や法人営業で培った問題解決能力をさらにブラッシュアップし、単にこれまでの弁護士業をするだけではなく、新事業の戦略策定からコンセプト設計、チームビルディングから仕組みづくりまで関わるようなスタイルを確立し、大企業、さらには国の抱える問題を実際にこの手で解決していくような仕事をしていきたいと考えています。

05

イノベーションを阻害する
不合理規制の打破

Kosuke Kunimine

國峯 孝祐

業務の中心分野	政策法務
	・規制分析
	・政策提言
	・ロビイング

PROFILE

▶ 修習期　　　　　68期
▶ 所属弁護士会　　第二東京弁護士会
▶ 事務所名　　　　國峯法律事務所
▶ 所在地・開業年　東京都渋谷区・2017年7月
▶ 事務所員数　　　弁護士1名
▶ 取扱案件の割合　政策法務　　　80％
　　　　　　　　　企業法務一般　20％

1 自己紹介

イノベーションを阻害する古い規制を変える

《弁護士としての自己紹介》

弁護士業務は大きく、臨床法務、予防法務、戦略法務の3つに分けられます。臨床法務は訴訟などトラブルが発生した後の対応、予防法務は契約書チェックなどトラブルを未然に予防する対応です。一般的な法律事務所は臨床法務を中心に、企業法務系事務所は予防法務を中心に取り扱っているといえます。戦略法務は、法務的な側面から経営戦略そのものをアドバイスするものです。例えば、M＆Aの（契約書作成等でなく）立案、法的観点からの資金調達や労務戦略の方針のアドバイスなどが挙げられます。この戦略法務の中の1つが政策法務です。政策法務という言葉はインターネットで調べると地方自治体の条例の作成業務等を指すことが多いようですが、私は弁護士業務の1つとして位置付けて定義しています。具体的には、政策法務には2つの業務があると考えており、第1に、経営の観点から政府に対して政策提言をしたり、政策立案を働きかけたりすること（経営→政策）、第2に、いち早く政策の動きや情報を察知し、経営に還元していくという意味で考えています（政策→経営）。中心となるのは第1の業務です。AirbnbやUberが代表的な例ですが、消費者にとって大きなメリットをもたらす革新的な事業を始める際、多くの場合、古くなった法律や、既得権を守ることを隠れた目的とした不合理な規制の壁に阻まれます。私は、2015年に弁護士になる前に経済産業省の官僚として8年間勤めていたのですが、当時からビジネスの急速な変化に法律等のルール改正が追い付いていない状況を目にしていました。また、弁護士になって企業法務に携わるようになった後も、せっかく冒険心あふれる起業家がイノベーティブな事業を考えたのに古い規制に阻まれて実現できないという状況を何度も目の当たりにし、これはまずいという想いと、強い苛立たしさを感じていました。そのため、もともと政策の形成過程を見てきたことや、法律知識もある程度もっているので、自分が注力して

いく分野にはちょうどよいと考えて、この政策法務という分野で独立・開業してこの分野を盛り上げていきたいと思いました。

　具体的な業務のおおまかな内容としては、第1に、規制分析です。新たに立ち上げるビジネスがどのような規制に引っかかるのか、合法に行うためにはどのようなビジネスモデルを設計すべきか、実際に法の趣旨に反しないようにどうすべきかといった点を検討します。どのような規制が適用されるかの分析は、漏れないようにすることは結構大変なのですが、インターネット、文献調査、役所への問い合わせなどを利用しつつ検討します。案件をこなすほど反射的に関連規制がわかってくるようになるので、経験も重要と思います。その後、規制にかからないような具体的なビジネスモデルの設計は、文献などを中心に、法の趣旨がどのように考えられているか等を徹底して分析します。ビジネスの根幹を崩さないように、かつ合法に行う方法を経営者等と一緒に模索していくこととなります。

　第2に、どうしても規制に引っかかってしまう場合は、政策提言やいわゆるロビイングを行います。法律や省令の具体的な問題点と改善策、それが実現した場合の経済的・社会的なメリット、海外の制度との比較等を調べ、具体的な政策提言として担当省庁や政治家に説明するといったことを行います。ここは、わかりやすい資料作成の能力や、プレゼン能力が求められると思います。誰にどのようにアプローチし、どのようなプレゼンを行うか、という点が腕の見せ所と考えています。

《事務所紹介》

　私の事務所はまだ昨年開業したばかりですが、前述した政策法務を中心に取り扱っています。この分野をメインの業務としている法律事務所は、私が知る限りまだ日本では私の事務所しかないようです。

　独立するまではモリソン・フォスター伊藤見富法律事務所という企業法務の事務所でお世話になっており、M＆A、不動産ファイナンス、個人情報保護法、訴訟などを経験させていただきました。独立したのが弁護士になってまだ1年半という時期であり、前の事務所の居心地もよかったので、独立は

かなり悩ましい決断でした。ただ、もともと独立欲が強かったのと、政策法務に特化した事務所をつくったら面白そうだという想いが強く、思い切って独立しました。

2 弁護士としての「想い」・理念

　　　　政策法務という分野は、今後ニーズが増えていくと思います。というのも、ビジネスの変化が急激に速くなっているからです。1990年代後半にもIT革命などと言われていましたが、最近はとてつもない勢いで新たなインターネットサービス、アプリなどのサービスが生まれていますし、AI、ドローン、IoTなど、新たな技術も急激に発展してきており、変化のスピードは段違いと言えると思います。他方で、法律や規則をつくったり改正したりする官僚の数は減っています。しかし、古い規制を柔軟に変えていかないと、新たな商品やサービスが出遅れ、どんどん経済的にアメリカや中国に引き離されていきます。また、新たな商品やサービスが世に出せないというのは、何よりもそれを享受できない消費者のデメリットとなります。安倍政権でも、岩盤規制の打破ということは大きな方針としてうたわれています。これまでに比べたら、かなり規制緩和は進んでいるのだと思いますが、まだまだ全然スピードが足りません。AirbnbやUberがわかりやすい例です。こうしたイノベーティブなサービスや技術を発展させていくためには、規制を柔軟に見直していくことが不可欠です。

　この政策法務という分野は、現在は、弁護士で主業務として行っている方は私の知る限りまだおらず、日本では官僚OBなどが立ち上げたロビイング会社が数社程度存在しているという状況です。他方、アメリカでは約3,000億円以上のマーケットとなっており、数万人のロビイストがいます。そのうちの多くは弁護士です。日本でも、具体的な政策提言を行うことができる弁護士や民間人が相当程度増えないと、ビジネスの変化に法規制が対応できないという状況は悪化するばかりであることは間違いありません。

私自身はまだまだ未熟ですが、官僚出身で民間で活躍されている先輩たちの中には、すでに相当な影響力をもって政策提言活動をされている方々もいます。彼らの後を追って、イノベーションを促進できるように、とにかく不合理な規制をどんどん変えていきたいというのが私の想いです。将来的には、日本の政策を民間から動かしていくエンジンとして、1つの産業に育てていきたいと考えています。

　このような活動が活発化することは、政府や自治体にとってもメリットであると考えています。もちろん、私もあまりに硬直的な対応をされると担当省庁と論争になるケースもあるのですが、担当省庁にとってもビジネスの最先端の情報を知ることは政策立案の重要な情報源となります。役人として政策立案に携わる場合、副作用も含め、ある政策が社会にどのような影響を与えるのかを完全に把握することは難しく、生きたビジネス界の情報が常に欲しいものです。しかし、役人は接待の厳格な禁止や庁舎のセキュリティ強化などで、ビジネス界との接点がどんどん少なくなっており、得られる情報は少なくなっています。そのため、我々のように、日々企業の経営者と接し、かつ法律や省令のどこが問題かを熟知している弁護士が、政府に情報提供をすることは、企業側だけでなく政府や自治体にも付加価値をもたらすことができると考えています。

3　経営理念

①　経営理念

　経営理念としていることは、まず、「徹底した思考」、つまりよく考えることです。というのも、新しく考えられたビジネスが規制に直面する場面というのは、誰も考えたことがない場面であることがほとんどで、ましてや裁判例なども存在しないので、ケースごとに熟考する必要があるからです。また、規制というのは六法と違って、宅地建物取引業法、電波法、医療法など司法試験時代には全然見たことがない法律であることが多いので、

その都度勉強する必要もあります。そのため、私のところに相談が来る案件は、顧問弁護士や知り合いの弁護士に相談したけれど杓子定規のような回答（単に「○○法に引っかかるのでできない」等）しか得られなかったので私に相談してみたというものが多いです。その都度該当する法律を勉強したうえで、外形的には規制に反しそうでも、法の趣旨から考えてそのビジネスを適法に行う方法がないかを検討するのは、案件ごとに非常に時間がかかることです。この点で、事務所経営という観点で見たときにはフィーに対して時間がかかり、儲かるビジネスではないかもしれません。ただ、この点が政策法務という業務のクリエイティブで面白いところです。

　また、もう１つ大切な理念と考えているのが、「公共性」という点です。つまり、相談いただく案件に公共性があるか、という点も案件ごとによく吟味するようにしており、公共性に乏しいと思った案件は受けないようにしています。私はこれを「公共性フィルター」と呼んでいます。どういうことかというと、例えば、特定の１社がマーケットを独占できるような法改正を働きかけてほしい、特定の会社に補助金が出るように○○省に働きかけてほしい、ライバル会社を蹴落としたいので公正取引委員会に摘発を働きかける理屈はないかといった依頼について、弁護士が強い影響力をもって政府を動かすことができたなら、それは望ましいことと言えるでしょうか。特定の会社だけでなく、ある政策が社会全体の利益になると言えないのであれば、政策法務の依頼は受けるべきではないと考えています。金を儲けるという目的を主にしてしまい、この「公共性フィルター」を無視してやりたい放題やると社会問題になり、アメリカのようにロビイスト規制法のようなもので活動が縛られることになるでしょう。実際に、日本でも「ロビイスト」というと、陰でこそこそ根まわしをしているような暗いイメージがあると思います。もちろん、さまざまな戦略や術策を講ずることにはなりますが、特定の会社のためだけでなく、社会全体の利益増進にもつながると自信をもって言える案件であれば、私は公明正大にできるはずだと考えています。また、何に公共性があるか、というのは価値観の問題になることもありますが、少なくとも自分が公共性があると確信する必要があります。なお、私は、公共性のない

ロビイングは「陳情」、公共性のあるロビイングは「政策提言」と定義しており、下記のような差異があると考えています。

陳情 ※不適切なロビイング	政策提言 ※適切なロビイング
1社の利益	公益
陰でこそこそ	公明正大
要望の説明のみ	具体的な政策を説明

② 経営戦略をどのように立てたか？

　特に経営戦略というほどのものはありませんが、この分野はアメリカではかなり発達してきているので、アメリカの現状は本を取り寄せたりしてある程度調べました。上記の公共性という点などは、そこからヒントを得ています。

　また、幸いなことにロールモデルにさせていただいている先輩がいます。元官僚の先輩ですが、民間人でありながらさまざまな政策を動かしており、いろいろな側面で大変尊敬している方なのですが、私が独立後は多くの案件を一緒に担当させてもらっています。政策法務という分野はそもそも弁護士の業務として位置付けられた分野ではないですし、普通の弁護士業務とは大分毛色が違って、官僚との折衝、政治家との関係づくり、メディア対応等、いろいろな能力が必要になってくるのですが、こういったことを学べる方が近くにいるというのは大変ありがたいことです。開業するに際しては人とのつながりが最も大切であると身にしみて感じています。

　なお、私の開業当初の売上げや顧客見込みというのは、月に50万円くらいは稼げるかという程度で、何とかなるだろうという気持ちで始めました。開業後はしばらく仕事は増えることはあっても減ることはないので、あまり心配はしていませんでした。また、弁護士というのは、経費をいくらでも切り詰めることができるし（最悪ノートパソコンさえあればできる）、資金調達も不要なので、ベンチャー企業を起業することなどと比べたら大変優れたビ

ジネスモデルだと思います。

4 開業から現在までの経営状況の推移

2015年12月　弁護士登録
2017年7月　開業
　　　8月　黒字化
　　　　　 月に1件くらいのペースで顧問先が増加、経費を10万円／月程度で始める
　　　12月　顧問料 計約100万円／月＋単発の依頼 数件／月

5 経営戦略・手法

（1）業務の強み（専門分野）
　① 分野選択の方法

　よく言われることですが、新しい分野にチャレンジする場合、(ア)世の中のニーズがある、(イ)自分に差別化できる特別な能力や知見がある、(ウ)経済的にやっていける、の3つがその条件です。

　私の場合は、政策法務について、(ア)のニーズについては昔からあると確信していました。

　(イ)の能力・知見については、弁護士であるということに加え、8年間政府の中で実際に政策をつくったという経験をさせていただいたという点が該当すると考えていました。弁護士で法律マニアだというのは、政策法務の分野でもプラスにはなるので、弁護士にはどんどん参加してもらって一緒に規制を変えていきたいと思います。ただ、この分野は元官僚の人が特に有利な分

野かもしれません。実際に政府の中で1つの法令がどのように立案され、どのように関係者と調整されていくのかというのはかなり特殊な世界なので、内部にいた人でないと感覚がなかなかわからないと思います。例えば、パブコメに対して弁護士がたくさん意見を出しますが、ほとんどのケースではパブコメを募集する頃には内容はすでにゲームセットで、ではパブコメを提出することが意味を成すのはどういう案件かとか。この観点から、最近は官庁や政治家の秘書に出向する弁護士が多いので、こういった出向経験のある弁護士の方は、ぜひこの分野に切り込んでいくと面白いと思いますし、一緒に仕事をできたらと思います。

　(ウ)については、開業するうえでは非常に重要な点なのですが、前述のとおり開業時に完全に見通しが立っていたわけではありません。ただ、前の事務所で勤めていた際、規制関連の案件を多く回してもらう機会があったので、規制を詳細に調査・分析したり、政府に働きかけを行うことに企業のニーズがあることは確認できていました。(ウ)は完璧に予測することは不可能ですが、ある程度確認することはでき、私はこの確認ができた段階で独立に踏み切ったという感じです。

②　どの程度特化しているか?

　私が最も携わりたいのは政策法務なので、当然政策法務の業務を優先的に受けています。それ以外の仕事については、一般的な企業法務（契約書チェックや労務等）については顧問契約であれば大体受けています。ただ、私のところに来る企業からのご相談は、一般的な企業法務が中心であっても規制が絡むケースが多いです。逆に、東京だと何らかの差別化ができないと企業から顧問契約の依頼を受けるのは難しいのではないでしょうか。個人の事件についてはキャパシティの問題があるので、よほど「それはかわいそうだ」と思った案件以外は受けていません。刑事事件はごくたまに受けていますが、東京では完全に取り合いのような状況ですし、あまり受けていません。ちなみに、刑事事件こそ公益に資するというような弁護士業界での雰囲気には私は違和感があり、政策法務も公益に資するし、他にも公益に資する

業務はたくさんあります。また、弁護士は公益に資する分野をもっと開拓していけると思います。

（2）ターゲットとする地域・客層

ターゲットは特に決めていませんが、新規ビジネスを立ち上げるベンチャー企業や、大企業の渉外部や新規事業部が中心です。規模や業種はさまざまですが、新しいことに挑戦しようとしているという点が共通点です。

他方、例えば大手電力会社とか大手通信事業者とか、すでに既得権者になっている会社はお客さんになりにくいと思います。というのも、彼らは政府や政治家とのネットワークもあり、法務部にも何十年も関連する法律を見続けて熟知しているという方がたくさんいる状況だからです。

（3）営業・顧客維持の方法

開業当初は、いろいろな交流会などに参加して積極的にマーケティングしていこうとしていたのですが、お客さんを開拓しようと思った営業活動でお客さんを獲得できたことは1度もなかったので、1か月くらいでやめてしまいました。私は顧問契約を中心にしていますが、お客さんが弁護士に顧問を依頼するのは相当に信頼関係を築いた場合なので、あまりそうした営業活動が功を奏する感触を得られませんでした。

お客さんは、知り合いの知り合いなど、思わぬところから来ることが多く、私の場合はそれが大半を占めています。私はお酒は弱いのですが飲み会は好きなので、単純に楽しむというスタンスでさまざまな飲み会に参加して、結果として広がった交流関係の中から仕事が舞い込んでくるという感じがよいのではないかと思っています。また、多くの方にこういう活動をしている弁護士がいるということを知っていただくことが重要と思っていますが、この点はまだまだ不十分で、今後の課題です。

また、弁護士ドットコムも利用しています。私が注力したい政策法務の分野の案件が弁護士ドットコム経由で来ることはあまりありませんが、規制に絡む形での一般的な企業法務の案件は月に数件来ています。

HP での集客はあまり意識していません。むしろ、詳細な名刺という位置付けと考えており、どういう経歴でどういうことを行っているかを伝えることが HP の役割だと思っています。経費削減のため、HP は IT ベンチャーを経営している友人の会社に無料でつくってもらいましたが、そういうつながりもとてもありがたく感謝しています。

ちなみに、開業当初、政策法務のニーズがありそうな会社にメールを送ってマーケティングしようかと検討したのですが、相手が会社であったとしても、面識のない人に営業のためにメール（Facebook なども含む）をすることは弁護士の業務広告に関する規程で禁止されているということで断念しました（この点は日弁連にも確認しました）。ただ、相手が会社でも禁止されているのは過剰規制で、顧客にとってもかえって不利益なので、弁護士会でもこういうルールはどんどん見直すべきだと個人的には思います。

（4）組織、コストの考え方

前述のとおり、弁護士はいくらでもコストを削れるビジネスだと思います。私は開業当初は経費を10万円／月くらいしかかけていませんでした（今は増えていますが）。知識探索にはコストをかけるという方針でしたが、本を買っても１つの案件が終われば結局２度と読まないことが多いので弁護士会の図書館や国会図書館で済ませることにしていますし、判例検索システムや日経テレコンの契約も検討しましたが私の場合は費用対効果がとても低いと考えて利用しませんでした。そのため、この点でもコストがほとんど発生していません。今一番かけているコストは、飲み会代（接待交際費）です。

事務員については、政策法務という分野は、裁判のように大量の書面を印刷して印鑑を押して郵送してというような作業が発生せず、事務員を雇っても経理くらいしかお願いする作業がないので、今後も雇わない方針です。

ただ、まだ弁護士１人なのですが、今後は組織として拡大していきたいと思っています。あくまで組織拡大は手段に過ぎませんが、規制改革をダイナミックに実現していくためには、たくさんの同志たちを集める必要があると思っています。その際の人件費は最もコストをかけるべき点と思います。こ

の本を執筆させていただいた私の個人的な目的は、同じ志をもつ方を集める
ことですので、読者の方でそういう方がいらっしゃったら、ぜひご連絡くだ
さい。

（5）働き方

　私は若い頃に弁護士になりたいと思ったことは1度もありませんが、10代
の頃から、何の仕事でもよいので独立したいという強い願望がありました。
実際に独立してみて、それまでの約10年間の職業人生と比べて、世界観が根
本的に変わりました。仕事内容は自分が「これはやらなくてはいけない」と
思っている分野ですし、お客さんは組織でなく私個人を頼ってきてくれる
方々なのでモチベーションが全然違いますし、また自分の責任と判断で自由
に動けるからです。責任が直接自分に来るのでそれが重圧になる方もいるか
もしれませんが、それをよいと思うかどうかは個性の問題かと思います。私
には責任を伴う自由というのがとても合っているようです。

　サラリーマン時代は、体力の限界より先に、「まいっか」というような精
神の限界が来ていたのですが、今は精神の限界より体力の限界が先に来ま
す。これは本当に幸せを感じることです。ただ、自営業者は体調管理に気を
付けることが大切と思っています。

6 今後について

　今後の目標は、できるだけ多くの不合理規制を打破するという
ことに尽きます。その結果、さまざまなイノベーションが（アメ
リカや中国でなく）日本で世界に先駆けて実現していくような社会をつくり
たいと思っています。

　この活動をしていく中で、同志の弁護士や元官僚の人々がいれば、一緒に
活動していき、結果として組織として拡大していき、ひいては一大産業のよ
うになれば素晴らしいと思っています。

弁護士は、既存の法制度の中で活動するだけではなく、法制度を変えていく時代です。

　また、私は、政策法務という分野以外でも、弁護士の活動領域というのは大きく拡がる可能性があると思っています。法律という社会の全てに関わる学問のマニアであるということは相当な強みだと思います。図を見ていただくと、一般的に弁護士業務と考えられているのは太線内です。ここにフォーカスしている以上は弁護士業務に拡がりはありません。ちなみに、私がやっている政策法務というのは、点線の中の一部です。私は司法制度改革で弁護士の数を増やすという方針は正しいものだったと考えています。ただ、司法試験や司法修習の内容が裁判が中心すぎて、図で言うところの太線の内側にしつこくとどまってしまっているため、司法修習を終えて弁護士になった人たちの意識として、想定している弁護士の活動領域が狭いままであることが最大の問題だと思っています。つまり、司法試験や司法修習で勉強したことにとらわれずに（もちろん、司法試験や司法修習の内容自体を変えていくことも必要です）、太線の外に目線を向ければ、多くの需要があり、弁護士が活躍できるフィールドは相当に広いと思います。多くの弁護士の方が新たな

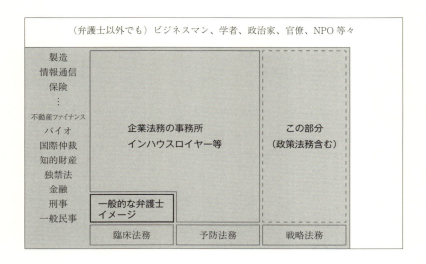

活動領域を拡げていくことは、社会にとっても弁護士にとっても素晴らしいことだと思います。

06

Yamato Sato

「エンターテインメント業界の改革へ」
エンターテインメント×法律

佐藤 大和

業務の中心分野　　芸能・エンターテインメント

PROFILE

▶修習期　　　　　旧64期（新63期の二回試験落ち）
▶所属弁護士会　　東京弁護士会
▶事務所名　　　　レイ法律事務所
▶所在地・開業年　東京都文京区・2014年4月
▶事務所員数　　　弁護士10名　事務員9名
▶取扱案件の割合　芸能・エンタメ事件　　34％
　　　　　　　　　学校事件　　　　　　　20％
　　　　　　　　　インターネット事件　　13％
　　　　　　　　　家事事件　　　　　　　13％
　　　　　　　　　そのほか　　　　　　　20％

1 自己紹介

自らのメディア出演が芸能分野をブルーオーシャンと気づいたきっかけに

《弁護士としての自己紹介》

　現在、私は、自分自身がメディア出演をしながら、芸能・エンターテインメント分野を得意分野とし、企業再建、労働、家事事件などに力を入れております。また、芸能人の権利を守る「日本エンターテイナーライツ協会」を立ち上げ、共同代表理事を務めています。その他にも、日本弁護士連合会「市民のための法教育委員会」の委員や厚生労働省「労働法教育に関する支援対策事業」の教材作成委員等も務め、法教育活動にも力を入れております。

　もっとも、最初は、芸能・エンターテインメント分野に力を入れようと思っていませんでした。たまたま私自身がメディア出演をしており、芸能分野に関わる相談が多かったことから、芸能分野について調査を始め、周りに相談した結果、芸能分野が「参入障壁は高いが、ブルーオーシャン」であることがわかったのです。そこで、私は芸能分野を絶対的な武器にしようと考えました。

《事務所紹介》

　レイ法律事務所は、所属弁護士が10名で、芸能・エンターテインメント分野（芸能人・芸能事務所・スポーツ選手・YouTuber・インフルエンサー・音楽・出版・スポーツの法的トラブル、知的財産など）、広告分野の法的問題を絶対的な得意分野としながら、学校事故（いじめ問題など）、家事・介護事件、インターネット問題の他、労働、刑事事件、企業・ベンチャー企業法務、LGBTなどにも力を入れている法律事務所であり、「子どもたちを被害者にも加害者にもさせないために」を信念に、積極的に法教育活動もしています。

2 弁護士としての理念

　　私は「現場を知ること」「法律論だけではないベストな解決方法を提案すること」等を弁護士としての理念としています。

　ニュースでも取り上げられているとおり、今の芸能界では芸能人の権利や地位は弱く、不公平な契約問題、ハラスメント問題、移籍問題、移籍・独立後の不当な圧力・忖度の問題など、多くの問題が存在しています。しかし、私が芸能分野に取り組み始めた当初は、こういった各問題については抽象的にしかわからず、全てが手探り状態で、どのように解決すべきかさえわかっていませんでした。

　そこで、私は、相談者や依頼者に対して「ベストな解決方法を提案」するため、「芸能の現場を知ること」から始めました。最初は、私自身が、メディアに出演している数少ない弁護士であったため、それを生かし、芸能人や芸能事務所の方など芸能関係者に話を聞き、芸能界の慣習やパワーバランスなどを積極的に学びました。そのうち、今の芸能界では、各問題について、そもそも芸能人が自ら声を上げにくい環境になっており、たとえ声を上げても、不当な圧力等を受け、メディアから干されてしまったり、活躍できなくなったりする場合さえあることを知りました。また、同時に芸能分野について、芸能界の現場や慣習を全く知らない弁護士が芸能人側の代理人となってしまい、芸能事務所側に全く配慮しない、法律論だけの好ましくない交渉方法等をしてしまい、その結果として芸能人の「芸能生命」を失わせていることが多いことにも気づきました。

　そのため、現在でも、私は積極的にメディア出演をしながら、常に最新の芸能の現場に触れつつ、芸能人側だけではなく芸能事務所側、芸能界にとっても良い解決方法がないかを模索しています。このように私は、理念として、芸能界の現場や慣習や人間関係を熟知し、その芸能人にとって、その後の芸能生活も考慮した「法律論だけではないベストな解決方法」を提案できるようにしています。実際に、私たちレイ法律事務所が芸能分野に積極的に取り組み始め、私が発起人となり権利団体も立ち上げてから、世論も行政も

動き始め、芸能界も徐々に変わってきた自負もあります。

また「1人でも多くの人を被害者にも加害者にもさせないこと」が私の学生時代からの絶対に曲げない信念であるため、法教育にも積極的に力を入れております。私が、メディアに出演し、自分に少しでも人気が生まれ、弁護士や法教育を知る機会をつくれればと思っており、いつの日にか法教育の番組をつくるのが夢の1つでもあります。私がメディアに出演するもう1つの理由でもあります。

3 経営理念

① 経営するうえで、何を一番大切にしているか？

一番は、事務所に所属する弁護士、事務員たちの夢を叶え、全員を笑顔にすることです。その他にも、事務所内では人の悪口は言わないことを約束としており、自分も所属するメンバーたちも『信念』をもつことを大事にしています。

② どのように経営戦略を立てたか？

基本戦略は「ブルーオーシャン戦略×ランチェスター戦略＝事務所のブランド化」となります。まずは、ブルーオーシャン、つまりライバルのいない分野もしくはライバルの少ない分野を探します。なお、このブルーオーシャン分野は参入障壁が高ければ高いほどよいでしょう。そして、ブルーオーシャン分野が見つかったら、トップのシェアを目指し、その分野を事務所の看板（ブランド）へと成長させていきます。当事務所では、それが芸能・エンターテインメント分野と学校分野ですね。

ところで、多くの方々は、ブルーオーシャン分野を探すことに苦労します。しかし、そこまで難しく考えず、まずは自分の法律事務所がある地域で、他の法律事務所と比較しながら、どの分野が少ないかを調査しブルーオーシャンを探したり、同じ地域の他の法律事務所に特色がない場合でした

ら、病院と同じで自分の法律事務所の取扱い分野を明確にし、少し特色をつけるだけでブルーオーシャンはつくり出せたりします。その他にも、弁護士自身に特色をつけ「あの〇〇先生がいる〇〇法律事務所」とするだけでもブルーオーシャンをつくり出すことができます。このように柔軟に考えることが大事です。

　ブルーオーシャン分野を見つけたり、つくり出したりした後は、しばらくは他の分野に手を出さず、その分野に力を入れ、質を高めていく戦略がよいでしょう。これをランチェスター戦略といいます。そして、質を高め、事務所の看板（ブランド）化に成功した後は、少しずつ事務所の安定化を図り、他の分野をつくったり、他の分野を事務所の看板になるように成長させたりしていきます。

③　参考とした企業や経営モデル、経営者はいるか？現在取り組んでいる経営、経営上の工夫は、どこからヒントを得たのか？

　私の場合は、1900年代初期から最近までの経営に関する本をとにかく読み漁り、勉強をしました。当然ながら、私たち弁護士は法律についてはプロフェッショナルですが、経営については素人ですので、まずは、昔の経営の本から現在の経営の本まで読みました。その中でも、好きな経営者の1人がFacebook創設者のマーク・ザッカーバーグ、彼の仕事術の本を手元に置いて常に意識しています。また、経営者などではないですが、多くの経営者が参考にしている孫子の本も、悩んだときに、よく参考にしていますね。

④　開業時に専門特化を決めていた場合、どの程度の売上げ・顧客見込みで、開業を決めたか？

　開業時には考えが甘くて何も考えておらず、開業後、仕事もなく閑古鳥が鳴いていたため、経営の本を読み、自分が今置かれている状況、今までの経験、自分のやりたいことなどを中心に、自分の武器を考え始めました。

4 開業から現在までの経営状況の推移

2011年9月　弁護士登録
2014年4月　開業
　　　8月　この頃まで赤字が続き、自分の武器を考える
　　　9月　芸能・エンタメ分野を1つの武器にしようと考える
2015年2月　HPや口コミが周知されてきたためか、芸能案件（特に芸能人側の相談）の問い合わせがHP及び口コミで増える
　　　4月　事務所移転。弁護士を一気に5名にする
2016年1月　事務所をさらに移転。弁護士が7名になる
　　12月　事務所の売上げが設立当初の10数倍以上になる
2017年1月　弁護士が8名になり、芸能・エンタメ分野以外の分野が育ち、事務所にとって、第2の柱、第3の柱ができあがってくる
2018年1月　弁護士が10名となる

5 経営戦略・手法

(1) 業務の強み（専門分野）
　① 業務における強み、分野選択における差別化の図り方

　レイ法律事務所は、芸能・エンターテインメント分野に力を入れていますが、所属している弁護士自らが多くのメディアに出演し、常にメディア・エンターテインメントの現場で業界慣習や現場の意見に触れつつ、芸能界における幅広い人脈（芸能事務所、芸能人・有名人など芸能業界、テレビ業界、週刊誌業界、メディア・インターネットなどでの人脈）を有しています。これが、芸能・エンターテインメント分野における当事務所の圧倒的な強みといえます。そして、各弁護士は、芸能界の人間関係や慣習を熟知しているた

め、1人1人の芸能人や芸能事務所の背景や人間関係を理解しながら、単なる法律論を超えた「ベストな戦略」を立てられることが最大の強みとなっております。

また、芸能分野の法律論についても、契約の性質から裁判の争い方まで書籍には書かれていないところも多くありますが、他事務所と異なり、圧倒的な経験数があるため、短時間で、適切な法律論を組み立てることができます。

そして、芸能・エンターテインメント分野の難しさは、その法律論だけではなく、人間関係や芸能業界の背景を把握した戦略、週刊誌・メディア対策も不可欠であり、法律論だけではタレント生命を失わせる危険性すらある、という点にあります。そのため、この分野に経験がない弁護士にとっては、非常に難しい分野ともいえます。プレスリリースのFAXの送り先すら慎重に検討しなければなりません。

以上のように、そもそもメディアに出演することも、芸能業界でのさまざまな人脈をつくることもそう簡単ではなく、また当事務所では圧倒的な経験と実績を誇っているため、他事務所がこの分野に有する参入障壁は決して低くはなく、差別化がうまくできていると思っています。もちろん、当事務所も最初からうまく参入できたわけではなく、メディアに出演したり、食事会などに参加したりして、芸能界関係者の人脈を築きながら、地道に少しずつ実績を積み重ねてきたといえます。

② 技術・知識の向上のために実施していることや平均単価の上げ方等

この分野における圧倒的なパフォーマンスを発揮するために、レイ法律事務所では、常に勉強会を開いたり、各弁護士がさまざまなシンポジウムや講演に参加したりと、エンターテインメント分野の法律論を勉強しつつも、常にメディアに出演したり、取材対応をしたり、食事会等で多くの芸能関係者と話をしたりすることにより、新しい業界事情を把握するように努めています。

なお、当事務所の場合、1回の法律相談料は、他事務所より高めに設定し

ています。しかし、それには2つの理由があります。1つは、当事務所の場合、圧倒的な実績とその経験から、芸能相談の半分程度は、1回の相談で終わるため、高めに相談料を設定しないと採算が合わなくなるからです。そして、もう1つの理由は、芸能・エンターテインメント分野、特に芸能人側の問題について、ここまで詳しい法律事務所は他になく、また週刊誌・メディア対策までできる法律事務所は少なく、提供できる内容に絶対的な自信があるからです。そのため、決して自分たちを安売りしないようにしています。実は、当初は、芸能相談は無料にしていたのですが、前述のとおり、1回の相談で終わることが非常に多く、弁護士を増やしたにもかかわらず、収益性が悪く、芸能分野からの撤退も1つの視野に入ってきたため、事務所内で協議を重ね、法律相談の単価を高めに変更しました。

③　どの程度厳密に「特化」しているか？

　最近ではYouTuberやスポーツ選手、政治家など、今までの芸能人から、同じような、似たような問題がある分野、週刊誌やメディア対策が必要な対象にも力を入れており、あまり厳密に「特化」することは意識していません。そして、何よりも現在の法律業界の将来は未知数なところもあるため、当事務所では、安定してきた芸能・エンターテインメント分野以外の分野も育てており、最近では、学校分野（特に生徒側）やインターネット分野、介護分野など、当事務所の「第2の柱」「第3の柱」も成長してきています。現在のレイ法律事務所は、決して「芸能・エンターテインメント」だけではなく「学校分野」でも全国的に有名な法律事務所となってきています。

　個人的には、経営上、今後どのようなことがあってもよいように、最低でもまずは収益の柱になる「3本の柱」をつくるべきだと思っています。1本の柱だけでは、その柱が折れたときに事務所も一緒に折れてしまい潰れてしまいます。それでは、従業員を雇っている経営者としては失格となり、従業員も安心して働くことはできません。これは私自身が大事にしていることですが、私たちは「法律家」ではありますが、事務所を経営するということは「経営者」でもあります。そのため、法律家としての信念はもちつつ、しっ

かりと事務所の経営、つまり雇っている従業員やその家族の人生と将来も考えた経営もしなければなりません。失敗している法律事務所の経営は、「法律家」と「経営者」としてのバランスを失っている場合が多いといえます。

ところで、新しい柱をつくる際ですが、私の場合に意識していることは、㋐ブルーオーシャンであるのか（全国的もしくは地域的にみて）、㋑自分もしくは当事務所の弁護士が興味ある分野か、㋒収益性はどうか、です。当事務所の場合、学校分野が2本目の柱として育ちましたが、当事務所の髙橋知典弁護士がもともと学校分野に興味が高く、またマーケティング調査をした際にも学校分野、特に生徒・学生側を中心にしている法律事務所が少ないことに気づきました。そのため、最初からHPなどで派手に広報するのではなく、知り合いの学校案件で経験を積ませ、数年かけてこの分野を柱にしました。経験を積む中でわかったのですが、この分野は、高い交渉能力と親御さん、生徒さんの心をつかむ必要があるため、そう簡単に参入できないというのも大きな理由でしたね。

前述のとおり、安定した経営のためには、複数の柱、最低でも収益となる（赤字とならない）「3本の柱」をつくるべきだと考えていますが、最初は、1本の柱からつくり始めて、少しずつ2本目の柱、3本目の柱をつくっていくべきだと考えています。最初から業務分野を広げすぎると1本目の柱がいい加減になってしまいます。そして、収益となる「3本の柱」ができた段階で、少しずつ総合法律事務所的な要素を入れてもよいと思います。現に、レイ法律事務所も少しずつですが、総合法律事務所的な要素を入れつつ、業務分野を広げています。

（2）ターゲットとする地域・客層

当事務所の場合、芸能・エンターテインメント分野や学校分野は、ライバルがほとんどいないため、全国をターゲットとしており、特に絞ってはいません。ただ、他の分野は、ライバルとなる法律事務所も多く、関東や大規模な都市圏に限っています。当事務所では、分野ごとに、全国と地域特化を組み合わせています。

（3）営業・顧客維持の方法

① 案件紹介のルート獲得のために、どのように計画を立て、行動したか？

　常に「ブランド化」を強く意識しています。それは法律業界以外の企業も同じですが、相談者や依頼者がお願いしたいと思う法律事務所の「ブランド」をつくることを大事にしています。また同時に、「口コミ（紹介案件）」と「インターネット（SNSを含め）での集客」の両方を意識しています。

　少し昔であれば、口コミだけでも事務所経営は成り立っていたかもしれませんが、これからの時代、この「口コミ（紹介案件）」と「インターネット（SNSを含め）での集客」は、車の両輪のように大事になります。ブランド化して、口コミでも、インターネットでも選んでもらえる、相談者や依頼者にとってわかりやすい法律事務所にすることが、案件紹介のルート獲得のスタートラインになると考えています。

　当事務所の場合、単発の相談が多いですが、一昨年末から徐々に顧問数が自然と伸びてきました。単発の相談のうち、6割程度はインターネットでの集客で、4割程度は口コミや紹介案件などです。今後は、安定した経営のため、徐々に口コミや紹介案件を増やしていき、同時に顧問先も増やしていきたいと思っています。独立したての事務所の多くは、このようにインターネット集客から、しっかりと仕事を行い、依頼者の信頼を勝ち取れば、徐々に口コミや紹介案件などの割合が増えていくと思っています。

② 他事務所、他弁護士との差別化の図り方

　他事務所、他弁護士との差別化をするために、他の事務所と他の弁護士にはないカラー・サービスを出すことを意識しています。当事務所の場合は、単に芸能・エンターテインメント事件の対応ができるだけではなく、芸能界を熟知しているため、芸能人たちの芸能生活等を考えた助言をすることもでき、さらに週刊誌やメディアに当事務所の弁護士たちが出演していることからメディア対応・対策もすることができます。このように、自分たちにしかないカラー・サービスを出すことが大事だと思います。そして、それは決して業務の対応だけはなく、人や事務所としての細やかな対応で差別化しても

よいと思います。そのためには、他の弁護士や他の事務所の研究も大事になってきます。なお、本当は能力面で圧倒的な差別化をしたいところですが、弁護士は成功を約束できず、また能力面は目に見えにくいため、広告規制もあり、どうしても依頼者や相談者にわかりにくい面があります。例えば、能力は非常に高くても、寡黙で不愛想な弁護士では、相談者や依頼者は能力面の比較対象がないため「この先生は不愛想でよくない」と思ってしまうこともあります。そのため、いかにわかりやすいカラーとサービスを出すかが大切になると思っています。

③　どのように知名度を上げたか？

　私の場合、他の弁護士と異なり、テレビ出演を含めたメディア対応も多く、またSNS等も活発に利用しているため、知名度は上がりやすかったといえます。もっとも、他の弁護士の先生は、メディア出演の機会が多くはないと思いますので、HPの活用やSNS、ブログの活用が知名度を上げるためには大事になると思っています。例えば、HPにしても、SNS、ブログにしても、最初は1つのテーマに絞り更新頻度を上げた方が、知名度は上がりやすいと思います。その他にも、著名な事件の対応をしたり、珍しい判決をとったり、無罪事件をとったり、権利団体を立ち上げたりといろいろと方法はありますが、そういった事件などに出会えるかは運の要素もあるため、近道としてはHP、SNS、ブログだと思います。

④　マスコミに取り上げてもらうための取組みはしているか？その効果は？

　私の場合、『バイキング』（フジテレビ系列）に毎週月曜日に出演したり、他の番組に出演したりとメディア出演をさせていただいていますが、そう簡単な道ではありませんでした（苦笑）。メディアに出演時は、合コン番組にしか呼ばれず、同業者や世間から叩かれ、辛いことも多かったですが、そこで腐らずに、実績を築きつつ、少しずつコメンテーターの仕事を増やしていきました。ただ、私の場合、テレビに出演しているからといって一般の依頼は全く増えていません。それはおそらく出方の問題（出演の仕方）だと思っ

ています。私のようにバラエティ寄りではファンは増えても「相談・依頼したい弁護士」とは見えず、堅いコメンテーターや専門性がある出方の方が相談数は増えると思います。

しかし、私の場合、メディア出演は、エンターテインメントの現場で業界慣習や現場の意見に触れることが目的でもあるため、一般の相談や依頼が増えなくても（減っても）あまり支障はないと思っています。何より自分の信念でもある「法教育」のためでもあると思って出演をしております。

⑤　HP や SNS 等での集客の工夫は？

HP は、とにかく見やすいことを意識しています。最近は、携帯で見る人の方が多いため、携帯からも見やすい HP を意識しています。例えば、大きな文字にするだけでも違います。また、SNS は宣伝だけだといやらしく見え、同業者からも叩かれやすいため、普段の自分の考えなどやプライベートも大事にしつつ、自分の得意分野などについて掲載するようにしています。

⑥　宣伝の観点から、事務所名はどのようにつけたか？

事務所名は、宣伝の観点からは一切考えていません（笑）。自分の事務所となるため、自分の信念を反映させ、好きになれる名前を法律事務所名としました。

（4）組織、コストの考え方

①　共同経営している場合、そのメリット・デメリット

レイ法律事務所は、私が 1 人で立ち上げ、経営してきましたが、最近では、パートナー弁護士 4 名と私で経営会議をしながら、事務所の方針を決めています。正直、私が 1 人で決める方が全て早いですが、それでは私の色だけの法律事務所となり、万が一、私が死んでしまったら法律事務所も潰れてしまいます。私が死んだ後のことも考えるのであれば、複数の弁護士と一緒に経営について協議をするシステムが重要だと思っています。また、他の弁護士たちには自分にない新しい視点があったり、自分の経営負担も減らせた

りできるため、よいと思っています。

② アソシエイト弁護士の採用

当事務所では、アソシエイト弁護士の採用は、学歴や経歴などではなく、人間性を最重視しながら、全弁護士の同意があった場合に採用するようにしています。当事務所に入所するということは、同じチーム、同じ仲間になることであるため、当事務所の弁護士たちが同じ仲間として一緒に頑張れるかを基準としています。そのうえで、能力面などを見ています。

ところで、当事務所の場合、代表弁護士の私のほか、パートナー弁護士が4名在籍しており、それぞれの弁護士が分野の責任者をしています。そのため、その分野の問い合わせ（相談など）については、その責任者である弁護士が担当したり、アソシエイト弁護士と一緒に担当したりしています。私の場合は、「佐藤大和」と指名が入った場合にのみ、各担当の責任者弁護士と協議し、承諾を得たうえで、担当するようにしています。なぜなら、当事務所では、それぞれのパートナー弁護士が責任者となっており、各パートナー弁護士を尊重したいため、自分が代表弁護士だからといって土足で踏み込み、その分野を侵害しないようにしたいと思っているからです。もっとも、私の直接の知り合いからの紹介案件については、紹介者の意思もあるため、最初から私が担当するようにしています。

③ 事務員の採用

事務員は、現在は、私の知り合いや紹介などを中心に採用していますが、今後は、アソシエイト弁護士と同様の採用システムにしようかと考えています。私の経験や、他の法律事務所の話を聞いていると事務員の採用やマネジメントが一番難しいと感じるところがあるため、今後さらに検討を進めたいと思っています。

④ コスト削減の工夫、固定費削減の取組み等

2018年になり、初めてコスト削減を意識し始めました。2014年から独立

し、2017年までは、そこまでコスト削減を意識してこなかったのですが、2018年になり当事務所に所属する弁護士や従業員を一度しっかりと休めようと思い始め、売上げを上げる方向ではなく、売上げを維持しつつコスト削減する方向で純利益を増やそうと考えております。具体的には正社員を増やさず、アルバイトや一部の時間だけ電話代行サービスなどを導入し、今いる従業員たちの負担を軽減しつつ、不要なコストを削減することを意識しています。

⑤　逆に、あえてコストをかけている点、メリハリをつけている部分

　経営者は、従業員や従業員の家族の人生を預かっているため、同規模の法律事務所と比べ、社会保障を含み従業員の手当を充実させている自負はあります。年2回のボーナス以外にも、年末ボーナスを支給したり、豪華景品が当たるビンゴゲームをしたり、従業員たちに対するコストは惜しみません。従業員らが事務所を信じて頑張ってくれる限り、経営者としては、従業員のためのコストをしっかりとかけなければならないと思っています。

（5）働き方

　弁護士としても経営者としても、「ワクワクすること、楽しむこと」と「信念をもつこと」を大事にしています。また特に経営者としては「人の人生を預かっているという覚悟」と「当事務所に相談したり依頼したりした人の人生を幸せにする覚悟」を大事にして働いています。そのためには、多少、自分のプライベートの時間がなくなっても構わないという思いで働いています。とはいっても、最低限のプライベートの時間は設けて、自分の心と体のバランスを大事にしています。

6 今後について

（1）経営者としての将来の目標

　　レイ法律事務所は、設立当初から、「500年先も残り続ける法律事務所」をテーマに頑張っています。経営者としても、私が死んだ後も、未来にずっと残り続ける法律事務所にしていきたいと思っています。そのためには、「レイ法律事務所＝佐藤大和の法律事務所」という色をできるだけ失わせることが大事だと思っています。自分だけ目立つのではなく、所属する弁護士1人1人の特徴や人間性を生かせる法律事務所にしていきたいと思っています。

　また、直近の目標としては、エンタメ（芸能）が盛んな大都市部を中心に全国展開を考えています。

　そして、芸能に関わる法律事務所として、エンターテインメント分野の立法を目指しながら、日本のエンターテインメント分野を改革し、芸能人も芸能事務所も、そして芸能に関わる方々にとっても健全で、今まで以上に世界に誇れる日本の芸能界にし、日本の芸能文化を世界に発信していきたいと思っています。

（2）弁護士としての将来の目標

　佐藤大和個人としては、「エンタメ×法教育」をテーマに、多くの方々を加害者にも被害者にもさせないため、法教育活動を続けていきたいと思っています。

　特に、エンタメ要素を入れた法教育を活発にして、児童、生徒、学生らもですが、大人たちも対象にした法教育、そして法律を学ぶ場を提供していきたいと思っています。

　そのために、私は、弁護士としても、経営者としても、メディア弁護士としても一流、つまり3つの一流を目指していきたいと思っています。

　そして、正直、メディアに出演すると同業者にも世間にも叩かれることも多く辛いことも多いですが、メディアにもできるだけ出演をし続けて、前述

したとおり、いつの日にか、法教育の番組をつくり、法教育に携わる先生方を番組に呼びながら、一緒に法教育を盛り上げていきたいです。これが最近の夢ですね。

07

ネット中傷・炎上の内容に応じた
多方面からのアプローチ

清水 陽平

Yohei Shimizu

業務の中心分野	インターネット法分野 ・投稿記事削除 ・発信者情報開示請求 ・ネット炎上対策、対応 不法行為に基づく損害賠償請求 刑事告訴

PROFILE

▶修習期　　　　　旧60期
▶所属弁護士会　　東京弁護士会
▶事務所名　　　　法律事務所アルシエン
▶所在地・開業年　東京都千代田区霞が関・2010年
▶事務所員数　　　弁護士11名　秘書6名
　　　　　　　　　※アルバイトを除く
▶取扱案件の割合　削除・開示請求　　60％
　　　　　　　　　損害賠償請求　　　20％
　　　　　　　　　その他民事　　　　15％
　　　　　　　　　告訴事件　　　　　 5％

1 自己紹介

手探りでの事案成功から、弁護士によるインターネット誹謗中傷対策の必要性に気づいた

《弁護士としての自己紹介》

　都内法律事務所に勤務後、危機対応広報のコンサルティングを行う会社に入社したところ、顧問先の会社から、インターネットに書かれている内容について対処することができないのか、という相談を受けました。当時、対応方法が全くわからず、書籍もほぼなかったことから、方法について調査・検討し、手探りであったものの事案を成功させることができました。同様のことで悩んでいる企業や個人はたくさんいることがわかった反面、インターネットでの誹謗中傷対策についてサービス提供をしているのは、もっぱらSEO会社であり、弁護士はほぼ対応することができていない状況でした。本来、弁護士が動くべき分野で非弁行為も横行している状況があり、今後インターネットはますます発展していくと思われたことから、弁護士によるインターネットでの誹謗中傷対策が必要になると考え、この分野に注力することにしました。

《事務所紹介》

　当事務所は、「専門家集団になる」ということを基本的な方針にしています。専門分野をもち、その分野に対する幅広く、深い知識をもっているということは、新しい事案に挑戦していく基盤となり、また、ある分野に深い知識をもつということは、法律での解決だけにとらわれない解決ができるということです。そして、自分1人では解決することができない問題でも、縁がある方々の助力を得て解決することができる場合も多くあります。そのため、当事務所では、「先進的事案への挑戦」「しなやかな解決力」「縁をつなぎ円をえがく」を目指しています。

　事務所の創業メンバーである武内優宏弁護士、木村俊将弁護士と私とで話し合って決めたコンセプトであり、現状では、インターネット、システム・

アプリ、債権回収、破産・再生、相続、不動産、労働、医療過誤、学校、離婚、刑事などの分野に関して、自信をもってサービス提供ができる体制を整えています。もちろん、これ以外のものについて対応できないかというとそういうことはなく、種々の依頼に対応しています。

　今後もこの方針を継続していき、より精緻なサービス展開をすることができる事務所を目指したいと考えています。

2 弁護士としての「想い」・理念

　この分野を始めた際、「たかがインターネットじゃないか」という声は非常に強くあり、例えば「2ちゃんねるなんて便所の落書きと同じだ」としばしば言われていました。また、「不快なら見なければよいではないか」とも言われていました。インターネットでの誹謗中傷は、このように周囲の理解をなかなか得られなかった分野でした。

　しかし、実際に書き込みの被害を受けた方は真剣に悩み、誰が投稿したのかもわからない中で周囲に対する疑心暗鬼を募らせるなどして、精神疾患に罹患してしまっている方も少なくありません。また、ここでの問題は本人が見るかどうかではなく、第三者に見られた場合にどうなるかということです。

　当時、このような方々にサービス提供をしていたのは弁護士ではなく、トラブルを解決するとうたっているSEO業者などでした。しかし、対応方法はもっぱら「埋立て」と呼ばれる、大量の書き込みをして見えにくくするといったものや、いわゆる逆SEOと呼ばれる、ネガティブなサイトの検索順位を下げるというサービスを提供していたに過ぎず、抜本的解決ができていない状況でした。また、「削除できる」と言われてお金を支払ったのに、対応できなかったといったケースなどもありました（なお、削除を請け負うこと自体が非弁行為として違法になります）。そのため、本来弁護士が対応しなければいけない分野であると考え、インターネットでの誹謗中傷対策に力

を入れることにしました。

　ただ、この分野の一本足打法にすることには不安もあり、１人で事務所経営をしていくことができるかという不安もありました。そのため、専門分野をもつ弁護士と共同経営する形をとりました。

　近時は、インターネット上での誹謗中傷がニュースになることもあり、場合によっては逮捕されることもあることが周知されるようになっているはずですが、スマートフォンの普及もあってか、一向に案件が減る気配はありません。そのため、今後も被害を受けた方の問題解決ができる体制を整えていきたいと考えています。

3 経営理念

① 経営するうえで一番大切にしていること

　　「法律屋」にならないということを一番大切にしています。

　依頼者は問題があってそれを解決したいために相談をしてきているわけであり、法律がどうなっているのかを聞きたいわけではありません。法律を使って解決することであれば、法律を使って解決すればよいのですが、必ずしもそういった問題だけ相談されるわけではありません。

　そのため、相談のケースではどのような対応をとることがベストなのかということを考えて、ときには「何もしないことが一番である」というアドバイスをすることすらあります。

② 経営戦略をどのように立てたか？

　「専門家集団になる」というコンセプトのもとで集まった事務所なので、それぞれが得意分野に特化した受任をしていき、パートナーが専門分野にしている分野の相談があったらそのパートナーを紹介して対処してもらう、という経営戦略です。これができるのは、各パートナーが当該分野の専門家であり、自分で処理するよりもよい結果を得ることができるだろうという信頼

があることが根底にあります。

　自分で案件を処理すれば自分に報酬が入ることになりますが、紹介してしまえば報酬がなくなるか、減るかしてしまいます。しかし、自分の得意とする分野以外について無理して処理しようとしても、余計な時間がかかって得意分野の案件処理時間が削られることにつながるので、結果として、紹介することがコストパフォーマンスに優れることになります。そして、事務所内での紹介であれば、事務所全体での案件の取りこぼしがなくなるため、事務所経営という観点からしても、このような戦略がよいと考えています。

③　現在取り組んでいる経営、経営上の工夫は、どこからヒントを得たのか？

　特にどこかの経営モデルを参考にしたということはなく、創業メンバー3名で話し合って決めました。

　個々人の専門性を売り出した場合、その分野の仕事しか来なくなるのでは？と考えている人は多いと思います。しかし、実際はそうではなく、「こういった案件もできますか？」とか、「顧問をお願いしたいのですが」といった相談が多く持ち込まれます。これは、専門分野における仕事の内容を評価してもらえているからだと思います。

　得意分野でなくても問題なく扱うことができる分野というのは実はそれなりにあるわけで、専門分野というのは一種のフックとして機能することになるのです。

　なお、各弁護士の得意分野が異なるということは、事務所内で案件の取り合いが起きないというメリットがあります。事務所内の雰囲気が悪ければ経営は不安定になっていくと思いますが、当事務所ではそのようなリスクを排除するようなルール（例えば、HP経由で相談があった場合に誰が担当するのか、といった争いになりやすい点についての取り決めがあります）を敷いており、この点でも経営の安定につながっていると考えています。

④ 開業時に専門特化することを決めていた場合、どの程度の売上げ・顧客見込みで、開業を決めたか？

　開業時から専門特化することを決めていましたが、特化するといっても自分に来た相談は他分野であってもできる限り受任する方向で考えていました。開業前の個人事件の報酬は、専門分野以外のものも含めて月額100〜150万円程度であったため、その維持ができれば事務所経費を差し引いても生活していくことができる、という算段で開業した記憶です。そして、個人事件に注力することができるだろうという皮算用も含めて、年商2,000万円程度いけばよいという認識でした。

　なお、開業前に顧問先は特になかったため、固定収入と呼べるものはなく、コンスタントに事件を受任することができるかという点で、不安はそれなりにありました。

4 開業から現在までの経営状況の推移

　いわゆる経費共同型の事務所であるため、事務所全体としての売上げ推移の詳細は不明ですが、無借金経営であり、扱い案件数、顧問先が開業後順調に増えています。それに伴って、勤務弁護士を採用し、対応することができる余力を増やすなどしていることから、基本的には右肩上がりで成長しています。

　また、当初はパートナー3名で始めた事務所ですが、現在はパートナーが1名増え4名となっており、さらに採用した勤務弁護士のうち2名がジュニアパートナーに就任しています。経費共同であるため、パートナーの参画は経営基盤の安定につながっています。

　なお、現時点（2018年3月）で、勤務弁護士が5名であり、事務所全体の弁護士数は11名です。秘書はアルバイトを除けば6名です。

　2017年4月より、判事補が、弁護士職務経験制度を利用して当事務所に勤務してくれています。職務経験制度を利用している事務所は大手事務所や歴

史のある事務所に限られていたようであり、当事務所のような設立からそれ
ほど時間が経っていない事務所が候補となることは珍しいことだったようで
す。

2007年 9 月　弁護士登録
2010年10月　東京都港区虎ノ門で開業
2011年 1 月　パートナーの武内弁護士、木村弁護士とともに正式な事務所開
　　　　　　　業
2012年 8 月　勤務弁護士 1 名を採用
2014年 1 月　勤務弁護士 1 名を採用
　　　 3 月　東京都千代田区霞が関に事務所移転
　　　 4 月　勤務弁護士 1 名を採用
2015年12月　勤務弁護士 1 名を採用
2016年 1 月　勤務弁護士であった高島がジュニアパートナー就任
　　　 2 月　竹花弁護士がパートナー就任
2017年 1 月　勤務弁護士 2 名を採用
　　　 3 月　勤務弁護士であった日高がジュニアパートナー就任
　　　 4 月　弁護士職務経験制度を利用し、判事補を採用（ 2 年間）
　　　12月　勤務弁護士 1 名が退所・独立
2018年 1 月　勤務弁護士 1 名を採用

5 経営戦略・手法

（1）業務の強み（専門分野）

①　業務における強み

　専門分野はインターネット上の誹謗中傷に対する対応（削除請求、発信者
情報開示請求）や、炎上対応です。

　2 ちゃんねる（現在の「5 ちゃんねる」）が、当時の管理者である西村博

之氏からシンガポール法人に譲渡されました。譲渡前であれば、２ちゃんねるを訴えるためには西村氏を訴えればよかったわけですが、譲渡後はシンガポール法人を相手にする必要がありました。また、できる限り早く削除したいという希望がありました。

そこで、仮処分を用いることができないか、どうすれば呼出を短くしたり、省略したりすることができるのか、といったことを一から検討して実践し、認めてもらうことができました。現在ではこれらの点は特に珍しくもないことではあるのですが、当時は特に文献もなく、また、そもそも保全手続きを利用した経験も少なく、何をどこまで認めてもらえるのかという点などについて、知識も経験もありませんでした。加えて言うと、裁判所にも特段知見があったわけではなく（特に、インターネット分野についての知識はほぼないといって差し支えない状態でした）、その意味では裁判所と協議をしつつ、どうするのがよいのかを検討し進めたという状況でした。

結果として、シンガポール法人への譲渡後の２ちゃんねるに対する削除請求は、日本第１号案件となったらしいのですが、この経験がインターネット分野を深掘りしていこうと考えるきっかけとなりました。

そして、２ちゃんねるにされた投稿を削除するためには、削除依頼自体を２ちゃんねるで公開することが必要なのですが、その削除依頼に基づいて実際に削除されている状況を見た方々が依頼をしてくるようになりました。つまり、幸いなことに、特に広告をしなくても、案件をこなすこと自体が一種の広告として機能する状態になったのです。結果、いろいろな案件に触れる機会を得ることになり、どういった内容の書き込みについて、どのような法的構成や主張で攻めるとよいのかといった知見・ノウハウをためることができました。

また、２ちゃんねる以外にも多くのウェブサイトの削除や開示請求の依頼も受けるようになりました。そのかいあって、運営者が一見すると不明なウェブサイトでも誰が運営しているのかを調査する知見・ノウハウのほか、どのウェブサイトはどのような方法を用いれば削除することができるのか、どこに対して削除や開示請求をすればよいのか、どのウェブサイトに対して

請求をすると却って炎上するリスクがあるのか、といった知見・ノウハウも
ためることができました。

このように、非常に多くの案件を通して培った知見・ノウハウが、業務を
行ううえで大きなアドバンテージになっていると思います。

② 分野選択における差別化の図り方

費用によって差別化を図ろうとすれば、どうしても安売り競争になってし
まうと思い、そうすると案件はたくさんあっても処理していくことが難しく
なるうえ、1件当たりの単価が低いことから採算ベースに乗せることが難し
くなってきます。

そのため、この分野のオーソリティになるということをもって、差別化を
図っています。その1つの方法として、書籍の出版があり、また、メディア
でのコメントがあります。メディアでのコメントは狙っているわけではあり
ませんが、この分野の問題に関してコメントできる人は多くなく、結果とし
てメディアからの取材を受けることが少なくありません。そこで、取材はで
きるだけ積極的に受けるようにしています。

また、近時は学会などでの登壇や発表なども必要と考えて、それを実践し
ています。

③ 技術・知識の向上のために実施していることや平均単価の上げ方等

今でこそ、インターネット法分野ということで、ネット誹謗中傷対策を打
ち出している弁護士は増えましたが、この分野が本格的に広がり始める前は
そのような業務分野を掲げている例はありませんでした。しかし、私と同時
期にこの分野に積極的に取り組んでいた弁護士が何人かおり、その弁護士と
は定期的に意見交換をしています。

また、インターネット法分野の書籍や論文が新たに出版された場合には、
購入して目を通すようにしています。

加えて、情報ネットワーク法学会という学会に加入しています。この学会
は、ネット誹謗中傷に限らず、インターネットをはじめとした情報通信に関

104

する法的問題を議論する学会であり、その一分野としてプロバイダ責任制限法関連の議論をする場もあります。ここで学会発表を聞いたり意見交換をしたりすることで、知識の吸収を図っています。

この分野の平均単価は、総じて低いことが多いです。これは、当初私が始めた時点で、裁判所がこのような類型の案件を認めてくれるかどうかわからなかったという事情もあり、着手金をごく低額に設定してしまったため、それが業界スタンダードの着手金になってしまったというところから来ている問題です。

しかし、近年この分野についての事件数が増えており、相手方代理人や裁判所が習熟したことから、以前よりも激しく争われる状況になっています。そのため、請求する側としてもやるべき作業が増えており、当初のような低額では受けることができない状況になっています。また、海外プロバイダ等が問題になる難しい案件も増えています。

そのため、そのような案件においては、作業にかかる負荷が一定程度予想できることから、1件当たりの単価を上げるようにしています。なお、どのウェブサイトがどのくらい大変かということはわかっていることから、ウェブサイトによって単価を変えているというイメージです。

④　他分野の依頼があった際はどうするか？（どの程度厳密に「特化」しているか？）

この分野しか対応できないわけではなく、普通に対応することができる案件は多数あります。そのため、そのような案件についても受任しています。特に、顧問先からの相談はネット誹謗中傷対策以外の案件も多いことから、それについての対応は通常自分自身で行っています。

ただ、当事務所内でその分野を専門にしている弁護士がいれば、その弁護士に対応してもらったり、共同受任をすることがありますし、当事務所全体としてあまり得意でない分野の案件の場合には、知人の弁護士を紹介することもあります。

⑤ 専門特化することで依頼が集中しすぎて、何らかの対応が必要となったことはあるか？また、他分野の依頼が来なくなり、困ったことはあるか？

当初、この分野を始めた際は、他に同様の案件の対応をしている事務所がほぼなかったことから、寡占状態にありました。そのため、連日のように数件の依頼がある状況であり、毎日深夜にまで及ぶ起案をしなければならない状態になっていました（なお、相談においては、必ずしも権利侵害があるとは言えないものもあり、それを説明して納得してもらうという作業も多いことから、全部が全部依頼につながっていたわけではありません）。

ただ、これは、独立当初は事務作業も含めて全て自分でやらなければいけなかったため、それに一定程度時間をとられていたという事情もあります。そのため、秘書を雇うとともに、数か月後に勤務弁護士を採用して、自分の負担を軽くしました。

他分野の依頼が来なくなったということはなく、専門分野の処理をする中で信頼をいただき、むしろ顧問契約をはじめとして、いろいろなご依頼をいただくようになりました。

（2）ターゲットとする地域・客層

インターネット上で被害を受けることは、個人でも法人でも同じくあります。そして、インターネットは場所的なつながりと関係なく投稿することが可能です。

そのため、ターゲットとしているのはインターネット上で誹謗中傷を受け、それを削除したい、書いた者を特定したいと考えている個人・法人であり、個人だから受けないといった制限はなく、また特に地域的な制限はしていません。

（3）営業・顧客維持の方法
① 案件紹介のルート獲得のために、どのように計画を立て、行動したか？
案件紹介のルート獲得は、それほど意識せずに事件処理をしていました。
当初多かった案件は、２ちゃんねるに対する削除、開示請求の依頼でし

た。2ちゃんねるへの対処は、仮処分決定を取得した後、その決定をPDF化して有料サーバーにアップするとともに、削除依頼スレッドを立て、削除人が確認できるようにすることが必要です。つまり、削除依頼自体が公開される仕様になっているわけですが、これにより削除依頼をするたびに自分の名前が2ちゃんねる上に表示されることになります。

2ちゃんねるを削除・開示したいと考えている方々は、これらを見て、私に相談をしてくるようになることが予想できました。そのため、相談いただいた案件をこなしていくことが、顧客維持につながるだろうと考えており、実際にそのようになりました。

勉強会や交流会などにも参加したり、商工会議所の会員になるなどして営業活動もしてみたのですが、そういったところにはすでに弁護士が入り込んでおり、弁護士という肩書きの珍しさは特になく、また、誹謗中傷で困っているという方にもあまり会いませんでした。会わなかったのはたまたまかもしれませんが、会合などに参加すると2～3時間程度は時間をとられてしまうことになり、実りは少ないと結論づけ、案件処理に注力することにしました。対応した案件の中には、日本初の案件が含まれていたこともあり、取材を受け、それが報道されることもありました。

1つ1つの案件を丁寧・確実に処理していると、依頼者が信頼をしてくれるようになります。法人の顧客の場合、それが「顧問をお願いしたい」という依頼を受けることにつながります。顧問先からは専門分野に関する相談のみならず、それ以外の種々の案件の相談も受けることになるため、案件数は増えることになります。

また、顧問先はもちろん、顧問先でなくても依頼に満足してくれた方は、同様の悩みをもっている方を紹介してくれることも多く、それによって案件を獲得するということも増えました。なお、この分野に関して取材を受けたりコメントを求められたりすることが比較的あり、その報道もあるため紹介をしやすいという要素もあるようです。

② 他事務所、他弁護士との差別化の図り方

　多くの事務所では、「事務所としてこれができます」という表現の仕方をしていると思われますが、当事務所は「専門家集団になる」というコンセプトであるため、特定の弁護士が特定の分野を専門にしているというコンセプトの打ち出し方をしています。

　また、実も伴うように各弁護士が努力しており、結果、「この分野のことなら、この弁護士に相談してみては？」と他の弁護士からの紹介を受けたという相談もしばしばあります。

　このように、外部からも、何をやっている弁護士・事務所なのか分かりやすいという点で、よいコンセプトの打ち出し方をしたなと思っています。

③ どのように知名度を上げたか？

　対応が難しいと思われていた案件についても積極的に受けることにしていたのですが、それをメディアに取り上げてもらえた、ということが大きく寄与していると思います。

　海外法人が提供するサービスが用いられた誹謗中傷の場合、一般的に難しいと言われていたのですが、当事務所は「先進的事案への挑戦」ということを掲げており、積極的に受任して対応していました。そのような案件が無事に解決することができた際、たまたま別件でメディアの取材を受けていたところ、「なにか面白いネタはないですか？」という趣旨の記者の質問に対して、こういう案件で決定が出ますよ、という話をすることがあり、それが記事になったということが何度かあります（なお、記事になることについて依頼者の承諾は事前にとっています）。話せるネタを積極的につくっていくということが重要だと思います。

　また、この分野において書籍出版をすることができたというのも大きく寄与していると思います。やはり名刺代わりになるような書籍があれば、知名度は上がると思います。

108

④　マスコミに取り上げてもらうための取組みはしているか？その効果は？

　マスコミに取り上げてもらうための取組みは特段しているわけではありませんが、上記のとおり、先進的事案を扱うなどすることで、記者からの取材があった場合に情報提供をすることができる状態になっていようと心がけています。

⑤　HP や SNS 等での集客の工夫は？

　HP も SNS も利用していますが、SNS はメディアに出た際にその記事を紹介することはあるものの、ほとんど利用していません。HP については、ネット誹謗中傷対策の場合の専用の問い合わせフォームはつくっているものの、それ以外に特段工夫はしていません。

⑥　宣伝の観点から、事務所名はどのようにつけたか？

　事務所名は、「支援がある」「ご縁がある」「円（circle）がある」という3つの意味を掛け合わせた造語です。「アルシエン」という音を聞くと、フランス語のような響きがあるのですが、この3つの意味を聞けば、事務所名を覚えてもらいやすいだろうと考えています。

　なお、地名をつけることは移転する際に困るため、また、人名をつけることは事務所のメンバーに変動がある際に困るため、地名・人名は用いないというルールで考えました。

（4）組織、コストの考え方

① 共同経営している場合、そのメリット・デメリット

　当事務所はいわゆる経費共同型の事務所です。つまり、個々の弁護士は基本的に独立採算であり、決められた金額を事務所に納めればよいというスタイルです。そして、個々の弁護士が専門特化をしているため、案件の取り合いなども生じることはなく、特にデメリットを感じたことがありません。

　また、共同経営をしているということから、同じ目線で率直に議論ができ、場合によっては外部には言いにくい愚痴を言うこともできるため、精神

衛生上も非常によいのではないかと思います。

　ただ、自分1人でなんでも決めていきたいという方にとっては、必ずしもそうはならない可能性もあるため、その点がデメリットになり得るかもしれません。

②　イソ弁の採用

　勤務弁護士は、原則として、パートナーが共同で採用するというスタイルをとっています。これは、事務所のスペースが無限であれば問題ないのでしょうが、スペースは有限であるため自由に採用するとすれば、人によって勤務弁護士が採用できなくなるという問題が生じるため決めたルールです。

　勤務弁護士の報酬はパートナーで案分負担をするのが原則です。この部分が勤務弁護士の最低報酬額となります。それに加えて、当該勤務弁護士に依頼した案件において、大きな功績を残すことができた場合には、依頼したパートナーが追加報酬を支払うという形にしています。

　パートナー個々人にとっては安価に複数の勤務弁護士に依頼することができるというメリットがあります（もちろん、勤務弁護士の案件数が過大にならないように、パートナーが勤務弁護士に依頼することができる案件数については上限を設けています）。また、一緒に仕事をしてみないと勤務弁護士の仕事の質や、性格などは分からないところも多いわけですが、この勤務弁護士はこういった案件が得意だからこの案件を任せよう、といった頼み方もすることができる点でもよいと考えています。

　また、勤務弁護士にとっても、複数のパートナーから種々の案件を受けることになるため、多様な案件の、しかも専門的な分野のOJTを受けることができるというメリットがあると考えています。

　なお、勤務弁護士は業務委託という形であり雇用ではありません。しかし、勤務は自由であり拘束時間も全く設けていないため（実際に休みたいときに自由に休んでいます）、名実ともに業務委託であると思料しています。

③　秘書の採用。秘書を置いていない場合の工夫

　秘書は従業員であるため、基本的に個々のパートナーが各自採用する形になっています。

　書類送付状やタックシールの作成、証拠類の整理、提出業務等、事務作業は数え上げたらきりがないくらい多様にあります。これらを全て自分でやろうとすれば時間が足りません。そのため、事務作業として頼むことができるものは、積極的に秘書に頼んでしまい、弁護士は起案など弁護士にしかできないことに集中した方が生産性が高いです。

　独立当初はどのくらい依頼がくるのかという不安もあったため、最初から秘書を雇うことはリスクの面からできませんでしたが、安定的に依頼が来ることが分かり、数か月程度で採用することを決めました。

④　コスト削減の工夫。逆に、あえてコストをかけている点

　外部に見えないところについては、なるべくお金をかけないようにしています。中古オフィス家具屋に行き、バックオフィスに用いる机や棚、コピー機などを購入しました。また、コピー機は、カラー印刷は滅多に使用しないと予想されたことから、モノクロコピー機を選択していました。

　ただ、そのコピー機はよく故障していたため、やはり新しいものにしようということで、新品を購入し直しました。ここで重要なのは、リースではなく「購入」であるという点です。リースにしてしまうと、初期費用は抑えられるものの、総額としては高くなってしまうためです。

　ちなみに、コピー機の一括購入は、高額にはなるものの、交渉次第でかなりの値引きをしてくれることが多く、希望小売価格は参考にならないと考えています（メーカーや販売店にもよると思いますが）。

　他方、エントランス、会議室等、来所された方の目に見える部分についてはコストをかけています。デザイナーにデザインを依頼して、単純な打合せスペースとしての"箱"とはならないようにしています。おかげさまで、会議室のデザインを褒められることは、それなりにあります。

(5) 働き方

　開業当初は、勤務弁護士はもちろん秘書もいなかったことから、事務作業も含めて全て自分で処理する必要があり、それに意外なほどに時間をとられました。案件処理の時間を減らすことはできないため、長時間働く必要があり、当初は午前9時から深夜1時くらいまで働いているというのが常態化していました。

　その後、秘書を雇ったり、勤務弁護士を採用したりしたため、事務作業の負担は秘書に分散させることができるようになり、また、起案等の事案処理の一部についてある程度勤務弁護士に対応してもらうことができるようになったことから、徐々に労働時間は減少しています。

　もっとも、専門家としてアドバイスをしていくためには、自ら案件を処理してノウハウをため、新しい問題について思考していることが必要と考えています。そのため、単に案件をとってきて終わり、という考え方はしていません。

　経営者としては、秘書と勤務弁護士にきちんと給与や報酬を支払うということ、また、気持ちよく働いてもらえる環境を整えるということに気を遣っています。

　給与や報酬を支払うというのはごく基本的なところですが、案件をきちんと獲得してくるということを意識しています。また、気持ちよく働いてもらえる環境とは、いろいろな要素があると思いますが、長時間労働にならないよう、頼む案件の数を調整するほか、セクハラ・パワハラ研修をするなどしています。

今後について

（1）経営者としての将来の目標

　事務所としては、これまで人が順調に増えているという側面はあるものの、特段拡大志向があるわけではありません。事務所を経営してい

るということは、自分で受けたい事件を選ぶことができるということであり、それがなによりのメリットであるといえます。誰かに雇われているのであれば、その指示に従って案件を処理しなければならなくなるのが普通であり、事件の選り好みをすることは普通はできないからです。

　自分自身で事件を処理しているからこそ、専門特化型の事務所として成り立っているという面があり、自分が完全に「経営者」としての側面だけになってしまうことは、かえって事務所としての可能性を狭めてしまうことになると考えています。

　少なくとも現在の規模感は、経営にだけ注力しなければならないわけではなく、事件にも概ね関わることができる適正な規模であると感じています。そのため、消極的目標に聞こえるかもしれませんが、今後もあまり規模を追求することなく、適切な事件処理ができる範囲での経営をしたいと考えています。

（2）弁護士としての将来の目標

　しばしば言われることですが、インターネットに関わる法律は現実に追い付いていません。例えば、私がよく扱う「発信者情報開示請求」という手続きについては、プロバイダ責任制限法という法律を用いますが、法律制定当初は予定していなかったような仕組みのサービスが登場したことにより、開示請求の要件にそもそも当てはまらないのではないか、といったものまで出てきています。

　このようなものを解決するためには、抜本的に法律を変えていくしかないため、法律改正につながる活動ができればと思っています（ただ、議員になりたいわけではありません）。そして、これにつながることですが、最高裁で弁論をするということも目標の１つです。

08

Atsushi Takashima

子どもに前向きな人生を
リーガルにとどまらない総合的な支援

高島 惇

業務の中心分野	学校案件
	児童相談所案件

PROFILE

- ▶修習期　　　　　新64期
- ▶所属弁護士会　　東京弁護士会
- ▶事務所名　　　　法律事務所アルシエン
- ▶所在地・開業年　東京都千代田区霞が関・2012年
- ▶事務所員数　　　弁護士11名　秘書6名
　　　　　　　　　※アルバイトを除く
- ▶取扱案件の割合　学校案件（懲戒処分、学校事故、いじめ
　　　　　　　　　など）　　　　　35％
　　　　　　　　　児童相談所案件　30％
　　　　　　　　　破産、個人再生事件（破産管財事件を含
　　　　　　　　　む）　　　　　　15％
　　　　　　　　　その他（刑事事件、交通事故、成年後見
　　　　　　　　　人など）　　　　20％

1 自己紹介

小学生時に見聞きしたいじめから、子どもの利益を守りた
いとの想いを抱き今の分野を選択

《弁護士としての自己紹介》

　まず、学校案件を選んだきっかけですが、小学生時代に遡ります。小学6
年生の頃、帰国子女の子が転校してきたのですが、文化の違いもあってか、
転校後間もなくしていじめに遭っていました。その後、彼女はすぐにまた別
の学校へ転校してしまったのですが、あの時いじめを何らかの方法で止める
ことはできなかったのか、学校の外部からでも救うことはできなかったのか
と心にずっと残っていました。そして、弁護士になった際、学校案件を扱っ
ている弁護士はまだ少なかったため、取り扱うことを決意しました。

　次に、児童相談所案件ですが、弁護士として活動を開始した後、ご縁が
あって事件を1件受任したのですが、その際の児童相談所の対応にはいろい
ろ問題があり、法的観点から是正する必要性を強く感じました。そのため、
児童相談所案件については誰も取り扱っていないこともあって、専門的に扱
い始めた次第です。

《事務所紹介》

　どのような事務所か、開業の経緯などについては、本書における清水の執
筆部分と重なりますので、私がパートナーになった経緯や周囲の反応などに
ついて紹介します。

　パートナーになった経緯ですが、もともとイソ弁として当事務所に加入
し、3年を経過した時点でジュニアパートナー就任の打診がありました。そ
して、当事務所では、個々のパートナーが専門分野をもっていることもあっ
て、私も他のパートナーとは異なる専門分野を探す必要性を感じました。そ
の中で、もともと学校案件には強い関心を抱いていましたし、東京弁護士会
が行っている「子どもの人権110番」を担当する中で多少なりとも経験を積
んでいましたので、学校案件を専門的に扱い始めるようになりました。その

際の周囲の反応としては特段印象に残るものはなく、まずはどのような形で事件をとってくればよいのか、独立採算になって無事に成り立つのかという自分自身への不安で頭がいっぱいでした。

2 弁護士としての理念

　　まず、学校案件への想いですが、やはり子どもが安全かつ快適に学校へ通えるように法的観点からサポートすることが重要になります。裁判となると、どうしても金銭のやり取りになってしまいますが、学校案件では金銭面での解決を求めて依頼される方は比較的少なく、子どもにとって安全な学校環境を確保し、さらには子どもが前向きな人生を設計できるよう親としてサポートしたいとの想いから、ご依頼をいただくケースが多いです。このような想いを弁護士として実現するのは、法律の枠があるためなかなか難しい作業ではありますが、今はいじめ防止対策推進法を中心に、学校案件に対応し得る立法整備が少しずつ進んでいる状況ですので、今後は弁護士としての活動範囲がより広がるものと理解しています。また、不幸にも子どもが死亡し、または重大な後遺障害が残存したケースですと、ご家族の精神的なケアが重要な作業となります。ご家族は、やりきれない気持ちや学校関係者への怒りから依頼されることが少なくないため、弁護活動を通じて、ご家族のお気持ちが少しでも前向きになるようフォローできればと常々考えています。

　次に、児童相談所案件への想いですが、これは少し複雑です。というのも、私は保護者側の代理人として活動することが多いのですが、どうしても虐待親というイメージがついて回るのか、そのような親のもとへ戻すような活動は正義に反するのではないかと誤解されることが多いです。実際、弁護士内部においても、保護者側の代理人として活動することについて難色を示す方は少なくないという印象ですし、だからこそ児童相談所案件を取り扱う弁護士は今までほとんどいなかったのかもしれません。ですが、児童虐待を

116

行っていない旨主張しているケースは一定数存在しますし、仮に児童虐待を自認している場合でも、その行為を真摯に反省し再発防止を誓約しているのであれば、子どもを自宅へ復帰させて家族で生活させるのが正しい姿だと考えています。厚生労働省も、最終的な目的として「家族の再統合」を掲げており、かかる目的に向けて児童相談所と保護者が協力し合って進むのが、児童福祉法や児童虐待の防止等に関する法律の根底にある理念です。そのため、残念ながら今は児童相談所案件における弁護活動が十分評価されていない状況ではありますが、いずれは保護者側代理人の必要性が広く理解されるものと信じて日々活動しています。

3 経営理念

　　経営理念については、全国から依頼を受けることを最も重視しています。学校案件や児童相談所案件については、全国的にも専門的に取り扱う弁護士が少ない一方で、学校でのトラブルや児童相談所による一時保護によって悩んでいるご家庭は全国に多数いらっしゃいます。そのため、東京のみでなく、地方から依頼された場合もできる限り受任するようにしていますし、言葉は悪いですが全国から事件をかき集めている分、パートナー就任時に想定したとおり経営は安定したなという印象です。また、メディア対応としても、特定の分野に特化している旨日頃からアピールしていると、インターネットの検索や口コミなどで目につきやすいですし、同業者からも何かあったときに頼りにされるため、戦略的には理にかなっていると考えています。

　　経営モデルとしては、大阪弁護士会の奥村徹先生を参考にしています（直接お目にかかったことはありませんが）。奥村先生も、児童ポルノや強制わいせつといったかなりニッチな分野を専門的に取り扱っていて、Twitterを拝見する限りでも全国から多数の依頼を受けているのかなという印象を受けています。大都市で経営するとなると、絶対的な弁護士数が多い関係で地域

密着という発想にはなりにくいため、競争の激しい分野にて自らの能力で勝負する場合はともかく、非常に強い人脈やニッチな事件類型に特化せざるを得ないという実情はあるのかもしれません。

　また、開業時に想定していた売上げや顧客見込みですが、率直に申し上げると、とりあえず家族を養える程度の売上げが立てば十分だとしか考えていませんでした。パートナー就任当初は、秘書や弁護士を一切雇用していませんでしたので、事務所経費や弁護士会費といった、人件費以外の経費を支出すれば十分だったため、幸いそこまで負担感はありませんでした。また、顧客についても、後で述べますが私はもっぱらスポットでの集客を想定していたため、この点についてはうまく成り立っているのではないかと自己分析しています。

　経営は飛行機の操縦と一緒だなと考えており、離陸して一定の高度を保つまでは不安定ですし操縦士も細心の注意を要するのかもしれませんが、いったん高度が安定してしまえば、後は不測の事態にさえ配慮していれば自ずと集客できる体制になるものだと考えています（私は飛行機を操縦したことがないので、全くの想像ではありますが）。

開業から現在までの経営状況の推移

2012年2月　　弁護士登録
　　　8月　　都内事務所より法律事務所アルシエンに移籍
2015年7月　　ジュニアパートナー就任
2015年頃　　士業者交流会やセミナーへ積極的に参加する
　　　　　　Facebookも始めてみたが、業務の性質上あまり有効性を感じなかったのですぐにやめる
　　　　　　弁護士ドットコムでの回答やブログでのコラムなど、インター

ネットでの営業に重点を置く

2016年2月　児童相談所案件を取り扱うようになる

　　　6月　経営が次第に安定する（赤字の月はほぼなくなる）。ネットニュースや雑誌といった取材の依頼が入るようになる

　　　12月　新件の問い合わせが、月5〜10件前後で安定する

　　　　　　また、教育委員会からの講演依頼が来るようになる

2017年1月　秘書採用

　　　6月　新件の問い合わせが、月10〜15件前後で安定する

　　　　　　自分の受任件数や事件のやりがい、費用面を考慮して新件を選んでも、経営に特段の支障は生じなくなる

　　　11月　イソ弁の採用を考え始める

5 経営戦略・手法

（1）業務の強み（専門分野）

　　　業務の強みについて、まずは学校案件から始めますが、学校案件といっても事件類型が多様であることと、児童相談所案件と共通する側面があることを考慮して、ある程度包括的に話したいと思います。

　学校案件に共通する強みとしては、やはり全国的に事件が存在することと、ご家族としての依頼になるケースが多い関係で弁護士費用の支払いでトラブルになることは少ないという点があります。依頼者のエリアについて、少子化といわれて久しいものの子どもは中学校まで必ず通いますし、高校や大学まで進学させるご家庭も少なくありません。そのため、1人の弁護士が経営できる程度の事件数、例えば年間で100件前後であれば、おそらく今後も集客を見込めるものと思料していますし、そういった方々を日頃からターゲットとして意識することで、弁護士としてのPR活動もよりわかりやすくなると考えています。また、依頼者の属性として、業務の性質上ご家庭ごととなるケースが非常に多く、時には父方母方の祖父母にもご協力いただける

ため、弁護士費用について受任後回収できなくなったという事態はあまり経験していません。ただ、ご家庭での依頼というのはデメリットもあり、通常事件と異なり、依頼者が最低でも３名（子及び父母）、多いときには７名というケースがほとんどであり、いくら直接の当事者が子であるとはいえ、ご家庭で意見が割れたりするとその調整に多大な労力を要するため、精神的な負担は大きいかもしれません。

　また、学校案件を個別にみると、退学処分などの懲戒処分に関する紛争や学校事故案件については、もちろん学校との交渉も時間をかけて行いますが、交渉が決裂して裁判となると通常の事件と本質的には変わらないため、後は専門的な知識をどの程度身につけているかで他の弁護士との差別化を図るしかないかなと思います。そういう意味では、日頃から文部科学省の公表するデータや通知通達、定期的に改訂される学習指導要領に目を通したり、各種スポーツに関するガイドラインを学習したりするというのは非常に重要な作業です。これに対し、いじめ案件はかなり特殊な能力が求められるといいますか、依頼者である児童生徒の精神面を常にケアしつつ、学校や第三者委員会と適宜連携しつついじめの調査や改善措置といった総合的な解決を図る関係で、精神的に非常にタフな業務だなという印象です。そのような業務の性質上、自ずと他の分野とは大きく差別化されていきますし、今後他の弁護士との競合が生じる展開にはなりにくいのではないかなというのが率直な見解です。

　次に、児童相談所案件ですが、むしろ他の業務との類似性を見いだす方が難しい分野かもしれません。児童相談所案件は、あまり採算がとれる分野ではありませんし、解決までに１～２年程度要する事件も少なくないため、相当の熱意がないと継続的に取り扱うのは難しいと思います。また、依頼者は、大切な子どもが突如児童相談所に連れて行かれたことで精神的に非常に追い詰められており、受任直後は毎日長時間電話やメールで話を聞くといった精神的なケアが必須です。そのため、学校案件にも共通していえることですが、一種のカウンセラーのような役割といいますか、法律論とは無関係な対応を行うことに苦痛を覚える弁護士は、たとえ試しでも児童相談所案件を

受任しない方が無難かもしれません。

　そのうえで、あえて経営面での強みを挙げるとすると、児童相談所との交渉は面談や電話でのやり取りが中心となりますし、裁判所が介入することなく解決する事案も一定数存在するため、起案に要する時間は意外と少ないです。そのため、児童相談所案件を一定数抱えていても、毎月の起案に追われるといった事態には通常ならず、事件の抱えすぎによるパンクという危険は比較的少ないかもしれません。また、これはすでに述べたとおり、児童相談所案件を取り扱う弁護士は非常に少ないため、全国からの集客は容易です（ただし、一部事務所にみられる過払事件での弁護方針のように、大量反復処理という形で対応するのは間違いなく不可能です）。

（2）ターゲットとする地域・客層

　ターゲットとする地域ですが、子どもをもつ全国のご家庭ということになりますし、実際全国へ出張しています。ニッチな事件類型に特化している場合は、絶対的な事件数が少ない関係で、個々の事件における弁護士報酬が非常に高額といった事情でもない限り、どうしても全国をターゲット化しないと経営が成り立たないのではないでしょうか。また、全国をターゲットとしている以上必然ではあるのですが、いわゆる一見さんの依頼者が圧倒的に多数を占めていますし、学校案件や児童相談所案件の性質上、同種事件でのリピーターというのはあまり想定していません。むしろ、過去の学校案件の依頼者から、交通事故や相続を依頼されるというケースは少なくなく、その後の事件の方が収益にはよほど貢献しているかもしれません。そのため、言葉は悪いですが、学校案件や児童相談所案件で全国から集客して、その後に別の事件を依頼いただくことでより経営を安定させている側面はあるものと思料しています。

　また、客層ですが、知人からの紹介と異なり依頼者の人となりがわからないため、受任に際しては十分依頼者のキャラクターを見定める必要はあります。どのように見定めるかは極めて難しいのですが、私の場合は、受任前の段階での面談や電話でのやり取りを重ねて人となりをチェックするようにし

ています。客層についてポジティブなことを言えば、私立の学校に入れるような家庭は、教育に熱心な分、弁護士費用の額やその後の回収でもめるケースはあまり経験したことがありません。また、出張の場合はその都度出張日当が生じるため、出張日当を積み重ねることで売上げに少なくない貢献が期待できます。

　客層に付言して、依頼者との契約形態について特に述べると、私は、学校の顧問が数件ある程度で、一般企業の顧問はほとんどありません。この点については、弁護士によってさまざまな戦略があると思いますが、現時点における私の考えとしては、全国から安定して集客できていることもあって、費用対効果の観点からスポットでの依頼に特化する形でも経営的には全く問題ないのかなと理解しています。また、私の場合は、顧問業務で慢性的に拘束される負担を考慮して顧問料をやや高めに設定しているという事情があるため、顧問でなく一般企業からスポットで依頼されることもあり、そのような関係の方が気楽だなと思っています。

　地域や客層面での差別化については、率直に申し上げてそこまで工夫の余地はないのかなという印象で、結局は、個々の仕事における依頼者の評価が口コミとなって、その後の集客につながるのではないでしょうか。

（3）営業・顧客維持の方法

　営業の方法ですが、全国からの集客となるため、インターネットやマスコミを通じて知名度を上げるというのが主流になります。インターネットとしては、ブログで学校案件や児童相談所案件に関するコラムを定期的に投稿しており、弁護士ドットコムにおける個別回答も、長期的に見れば集客につながっていると理解しています。また、最近はテレビや新聞、雑誌から取材を受けることが増えてきたため、メディアにて取り上げられるたびにブログで紹介することで、相談者の目につくようにしています。また、学校や教育委員会からの依頼については、何か具体的な営業があるわけではないのですが、教職員で構成される研究会や学者中心の学会などに参加し、地道に人脈を広げることで自ずと仕事を増やすしかないのかなと理解しています。最近

ですと、教育委員会や学校向けの新聞である日本教育新聞から取材を受けたのですが、新聞掲載後に自治体関係の依頼が一気に増えたなという印象です。

　パートナー就任当初は、士業者交流会に参加していましたが、事案の性質上、そのような交流会では学校案件や児童相談所案件を受任する機会はなかなか生じないため、参加するのは短期間でやめました。もっとも、交流会で純粋に気が合った方とは現在も交流していますが、時々一般事件を紹介いただけるため、結果的には貴重な人脈になっています。先ほども少し触れましたが、専門性をアピールするとどうしてもそれ以外の事件は受任機会が減少するため、いわゆる専門バカに陥らないためにも、こういう一般事件を受任できるルートは非常に大切だと思います。

　顧客維持の方法ですが、仕事を丁寧にこなすという1点に尽きると思います。これもすでに触れましたが、学校案件や児童相談所案件は単純な金銭での解決に馴染まない事件が多く、子どもの利益という観点から総合的に支援する必要がありますし、ご家族もそのようなサポートを求めて依頼されています。そのため、弁護士として、法的にできることとできないことを正確に説明する作業は当然ながら非常に重要ですし（時々他の弁護士からの切り替えで依頼される方はいますが、話をうかがう限り、依頼者に対する弁護士の説明が非常に疎かだなという印象を受けるケースは多いです）、交渉の過程における依頼者の細かいリクエストを、可能な範囲で実現することは大切となります。このような過程での弁護業務を充実させておけば、仮に依頼者の希望に沿わない結果で事件が終わったとしても、依頼者から感謝されることは非常に多いですし、そもそも結果にとらわれる事件類型ではないため、そのような形で依頼者の満足を図ることがもともと期待されていると理解しています。

　このように、継続的なサポートを要するため弁護士の負担は決して少なくありませんが、結果を問わず依頼者に感謝され、次の仕事につながりやすいというのは、この分野の大きなメリットなのかもしれません。

（4）組織、コストの考え方

　組織やコストの考え方については、当事務所の清水がすでに執筆しているため、追加で記載することはほとんどありません。そのため、以下は個人的な意見に終始しますが、やはり共同経営はメリットが多いなと理解しています。共同経営の場合、経費を分担できるため比較的少ない支出で一定規模の事務所を維持できますし、売上げが低い月でもそこまで焦りは生じません。とりわけ、私の場合は、先ほど述べたとおり顧問業務による売上比率が少なく、月ごとの売上げにかなりばらつきがあるため、売上げの低い月に事務所経費全額を負担するというのはかなり厳しいというのが率直なところです（もっとも、仮にそのような環境に置かれれば、事務所規模をコンパクトにするなど経営戦略も自ずと修正・適応すると思いますが）。また、共同経営の場合、悩んだときに他の弁護士に相談できるため、独りよがりの見解にならないで済むのは重視しています。特定の分野ばかり取り扱っていると、どうしても価値観がその分野に偏ってくるので、他の分野における価値観と照らし合わせて社会的な公正を意識するのは大切ですし、かかる意識を失うと弁護士倫理的な問題も生じやすいのかなと理解しています。

　コストの考え方としては、やはり人件費の負担が一番大きいと思います。極端な話、人件費が一切かからない環境であれば事務所の維持費は低廉に抑えられますが、それでは事務所として回りません。現実には、従業員の貢献への正当な報酬という観点は生じますので、一定額の負担が生じるのを受忍しつつ、どうやって経営を安定させるのかという発想にどの弁護士も行き着いているのだと思いますし、そこで一切悩まない弁護士はおそらく存在しないのではないでしょうか。イソ弁について、私はできれば採用したいのですが、学校案件や児童相談所案件に適性のある弁護士となると、なかなか限られるのではないかという思いもあって現在は採用していません。私の能力的な衰えもいずれは懸念しなければならないので、機会があれば是非弁護士を採用したいですし、集客活動により専念できるよう、イソ弁を採用する必要性は高いなと常々考えています。

（5）働き方

　弁護士としての働き方ですが、依頼者から話を聞き、事実関係を調査し、学校や児童相談所と交渉し、裁判所へ提出する書面を作成する流れであって、そこは他の弁護士と何ら変わりません。そのうえで、顧客維持の方法とも重なる話ですが、依頼者からのメールや電話にはできる限り速やかに対応しています。しばしば指摘されることとはいえ、依頼者への迅速なレスポンスは信頼関係を強固にする一番簡単かつ確実な方法であると理解していますし、私が扱う分野は特にこまめな進捗報告が重要となるため、かかる迅速性には今後も重点を置いて働く予定です。その他、働き方の特殊性を挙げるとすれば、外出はとても多いと思います。児童相談所案件は、児童相談所との交渉が中心になるのですが、かかる交渉はしばしば児童相談所内にて直接担当者と面談して行いますし、家庭訪問や親子面会にも必要に応じて同伴するため、その都度移動しなければなりません。そして、児童相談所は、都内であればともかく、地方ですと駅から離れた場所に設置されていることが少なくないため、その移動による負担は積み重なると決して軽視できないものではあります。このように、平日は事務所を不在にしていることが多いため、書面の作成はどうしても土日に集中しがちです。

　また、時間的な拘束ですが、深夜まで働くことはほとんどなく、日によっては午後5時前に帰宅することもあります。妻も同業者であるため、家事は分担して行っているところ、私の方が経営者である分時間的な融通が利くため主に平日を担当し、土日は妻が中心となって対応するといった形になりやすいです。自由業であることは、裁判官や検察官にはない弁護士の大きなメリットだなと理解していますし、ライフワークバランスは非常にうまくいっていると自負しているため、今後もこのような形で生活と仕事を両立させたいと考えています。

　次に、経営者としての働き方ですが、やはり売上げや各事件における費用対効果は常に意識しています。率直に申し上げて、私は弁護士費用が全体的に見ても安い方だなという印象ですし、一応専門性をうたっていることを考慮すると、もっと弁護士報酬基準を上げた方がよい旨周囲からしばしば指摘

されます。ただ、個人のお客様が中心となる以上、どうしても弁護士費用の設定には上限がありますし、どういう形で成功報酬を設定するかは工夫の余地を感じています。具体的には、例えばいじめ案件の場合、何をもって成功と評価するのか、そもそも成功という発想が馴染むのかという問題があり、「いじめが○か月間発生しなかったとき」といった条件設定ですと、いじめの定義上成功報酬が永遠に発生しない可能性もあります。そのため、着手金でまとまった弁護士費用を受領し、成功報酬についてはさほど請求しないという形の方が、私の分野の場合適切なのかなと最近は考えている次第です。

　行政と異なり、弁護士業務にはどうしてもビジネス的な側面があるため、弁護士としての想いを仕事に反映させるという観点からも、弁護士費用の金額や発生条件についてはシビアに設定しなければならないと反省しています。

6　今後について

　経営者としての目標ですが、まずは家族を養うことに尽きますし、そこまで多くの売上げを上げる必要はないかなと思っています。とは言っても、現状全国から依頼を受けている状況であって、その都度私が出張するのはいろいろ負担が大きいため、イソ弁を増やしたり支部をつくるというのは将来的にあり得るのかもしれません。

　弁護士としての目標ですが、やはり学校案件や児童相談所案件を取り扱う弁護士が増えればよいなという想いは強いですし、講演や論文を通じて多くの人に関心をもってもらいたいと考えています。業務の性質上、弁護士としての適性が限定されるのは否定できないのですが、社会的な意義は大いにある分野であると思いますので、興味をもたれた方は是非私にご連絡いただければ幸いです。

COLUMN
ブログを生かして自分探しをしています！
中村 真　Makoto Nakamura

PROFILE
56期（兵庫県弁護士会）、方円法律事務所所属。『WebLOG 弁護士中村真』が人気を博し、『若手法律家のための法律相談入門』（2016年・学陽書房）発刊。近著は『裁判官！当職そこが知りたかったのです。―民事訴訟がはかどる本―』（2017年・同上）。

私は2010年から始めたブログや LINE スタンプの販売がきっかけで、今のところ、この弁護士業界にほんの少しの居場所をつくることができました。ブログにイラストを載せるというのは、昔から絵を描くのが好きだったこと、それから、視覚的に目を惹く方が読んでもらいやすいだろうという単純な思いからでした。

どちらも純粋に自分の楽しみの追求のために始めたもので、むしろ本業とはできるだけ切り離そうとしていました。同業者や同業者っぽい人が読んでクスッと笑ってもらえたらそれでよかったのです。

そのため、ブログもスタンプも、その内容はあくまでも法曹界や隣接士業の方向けの、要するに「業界ネタ」ばかりです。一般の方が見てもそれほど面白いものではないかもしれませんが、変に欲を出さずに「選択と集中」を心がけたことがここまで続けてこられた秘訣かもしれません。

よく「ブログを見て事件の依頼がくることがあるんじゃないですか？」と聞かれるのですが、「あなた、私のブログを見て事件を依頼したくなりますか？」と聞き返すとたいていそこでその話題は終わります。

つまり、私のブログ等の活動は、本書の「好きな仕事×経営」というテー

マとはほぼ対極にあったわけですが、それでもこういった活動がきっかけで不本意ながら意外な仕事や業務の幅の拡大につながることになりました。

　私はこれまで自著、共著を含めて2冊の本を出しましたが、それらはどちらもブログで私のことを知ってお声がけをいただいたことがきっかけでした。

　法律書の市場はそれほど大きくはなく、本の執筆は大変な割にそれ自体で得られる利益や経営への直接の影響は小さなものだと言われます。ですが、弁護士にとって本を出すということは、自分の活動や取組みをわかりやすい形で世の中にアピールできるという大きなメリットがあります。

　さすがにブログで繰り広げているような妄想をそのまま本にするわけにはいかないので、一応は法律相談や民事弁護実務といったそれらしい真面目なテーマを据えなければなりません。そのためにはやはり勉強も研さんも必要で、その中で新しい自分の可能性に出会えることがありました。そうして本を出版した後、それまで全くなかった講演の依頼などもいただくようになりました。

　本の形で、あるいは講演という形で誰かに何かを伝えるとき、イラストやユーモアが意外と使えるのだということにも気づかされましたし、出版のルールや慣行に触れたことで、出版業界の理解や著作権譲渡といった本業の事件処理の場面で大いに役に立ったということもありました。

　また、ブログがきっかけでイラストだけの仕事をいただいたり、『自由と正義』（の前の方）にエッセイを載せてもらったりという出来事もありました。

　これは特異な例のようでいて、これからのあるべき弁護士像にたどり着くための1つのヒントであるように思えます。

　特定の業務・分野ですでに華々しい実績を残している先生方も、そこに

COLUMN

至るまでの必要条件として、その仕事を好きだという要素がどこかにあったはずです（多分）。

　ゼネラリストでありながら特定分野でスペシャリティを発揮できる弁護士が求められるこれからの時代にあって、自分が選ぶべき業務領域がどこにあるのか、多くの場合、それを知るのは簡単ではありません。

　そのような場合でも、まず自分が使命感や知的好奇心といった広い意味での興味をもって続けられる仕事を見つけて深掘りし、ノウハウと経験を蓄積させていくことです。そのような方法を繰り返していれば、いつかきっと仕事の方があなたを見つけてくれることでしょう（多分）。

09

Daigo Hayashi

精神障がい者による窃盗事件の弁護
再犯防止のための支援に特化

林 大悟

業務の中心分野　　刑事弁護
　　　　　　　　　・クレプトマニア
　　　　　　　　　・認知症患者の万引き事案

PROFILE

▶修習期　　　　　　旧60期
▶所属弁護士会　　　東京弁護士会
▶事務所名　　　　　弁護士法人鳳法律事務所
▶所在地・開業年　　埼玉県さいたま市浦和区及び東京都世
　　　　　　　　　　田谷区成城・2010年
▶事務所員数　　　　弁護士3名　事務局4名
▶取扱案件の割合　　刑事事件　60％
　　　　　　　　　　離婚事件　30％
　　　　　　　　　　民事事件　10％
▶担当した著名事件　立川てんかん無罪事件（東京地判平成
　　　　　　　　　　27年4月14日判時2283号142頁）等

自己紹介

刑事弁護報酬を売上げのメインとした事務所経営

《弁護士としての自己紹介》

　私の現職と専門は以下のとおりです。

　日弁連刑事弁護センター幹事（責任能力PT所属）、成城大学治療的司法研究センター客員研究員、特定非営利活動法人全国万引犯罪防止機構正会員、クレプトマニアの回復支援団体である一般社団法人アミティ代表理事、日本労働弁護団常任幹事、弁護士の業務や経営のあり方等を研究する一般社団法人弁護士業務研究所理事などの活動をしています。主にクレプトマニア患者や認知症に罹患した高齢者の万引き事件、性依存症者による性犯罪事件等に特化して全国で弁護活動をしています。

《事務所紹介》

　当事務所は、それぞれ別の法律事務所で弁護士としての経験を積んだ同期の弁護士と私が共同で設立しました。私は、事務所を開設した当初から、業務における刑事事件の割合が高く、ベテランの事務局から、「民事を中心にしないと事務所を継続できない」と心配されていました。

　ただ、徐々に刑事事件に専門特化していき、クレプトマニア等精神障がいを抱えた患者による常習的な窃盗事件の弁護を専門に扱うようになった現在も事務所の売上げのメインは刑事弁護報酬であり、私が専門特化していることは当事務所の強みといえます。

　当事務所の特色は、所属弁護士が皆、それぞれに関心の高い分野があり、専門性を高めているところです。当事務所の所属弁護士は、本を執筆したり、動画を作成したり、他の事務所の弁護士と共同受任をしたりするなど、基本的には代表である私の許可を得ずに自由に活動をしています。

2 弁護士としての「想い」・理念

　弁護士は、基本的人権を擁護し、社会正義を実現することを使命としています。基本的人権の享有主体は全ての「人」です。また、社会正義を実現するためには法的紛争の根本的な解決が不可欠です。これらを経営の観点から表現すると、弁護士の顧客は、依頼者のみならず、全ての「人」だといえます。依頼者の利益のみを考えると、視野が狭まり、結果として依頼者の真の利益を十分に守れないこともあります。弁護士は、依頼者の眼前の利益を守りつつ、可能な限り、当事者が「WIN-WIN」の関係になるよう、事件の筋を見極め、法的紛争の抜本的な解決を図ることが大切だと考えています。

　私は、これまで、上記の信念をもって、民事事件や家事事件の弁護を担当してきました。私が現在、専門的に扱っている精神障がいを抱えた患者による常習的な窃盗事件の弁護に関しても、上記の信念を貫いています。

　私は、依頼者を不起訴や執行猶予にするだけでよいとは考えていません。依頼者の真の願いは、病気に振り回されない「普通の人生」を送ることです。そのために万引きの原因となっている病気の回復支援を行っています。その再犯防止効果を検察官や裁判官に示すことによって、結果として、不起訴や執行猶予判決を獲得することができるのです。このような視点で弁護活動をした結果、加害者が回復して再犯をしなくなりますので、被害者である店舗の利益保護にもつながります。また、刑事施設は我々が納める税金で運営されていますが、窃盗で服役した方の再犯率は高いといえます。被疑者や被告人が自費で入院治療などにより再犯を防止できるようになるのであれば、国の財政にとっても合理的であり、納税者である国民にとっても利点があります。このように弁護士が加害者の治療や環境調整の支援をすることで再犯を防止するという活動は、単に依頼者の主観的利益のみならず、他の人の利益にも資するものであり、まさに「WIN-WIN」の結果となります。

　この活動を実現・維持するために、事務所の経営基盤を固める必要があります。そのため、弁護活動を通じて、持続可能な利益を得る必要があり、価

格競争に陥らないように一定水準の報酬基準を設定しています。また、その報酬基準に見合う良質な弁護活動を行うため、日々研さんを積むとともに、積極的に他の事務所の弁護士と共同受任をするなど、よい結果の獲得のみならず、常に依頼者に寄り添う良質な弁護活動を提供するように心がけています。

3 経営理念

① 経営するうえで、何を大切にしているか？

　私が法律事務所を経営するうえで大切にしていることは、専門特化することと固定経費を抑えることの2点です。

　他の事務所をみると、例えば、過払い分野や交通事故分野で急拡大した事務所が散見され、自分の事務所もこれらの分野に参画したい欲求に駆られます。たまたま、これらの分野に関心があり、好きで携わりたいならぜひ参入されるべきだと思います。しかし、なんとなく稼げそうだから、という理由で参入することは避けた方が賢明です。これらの分野の広告費は高騰していますし、複数の分野に参入することはスキルの向上を阻害します。また、人件費の増大を招き、固定経費の負担が大きくなります。利益を追求するあまり、拡大路線をとると、法律改正や技術革新等により当該分野自体が消滅ないし縮小した場合に固定経費が重くのしかかる事態に陥るリスクがあります。

　確かに、このようなリスクは、稼げるときに内部留保をしておき、有望な他の分野に再投資していけばある程度コントロールできるかもしれません。しかし、ここまでくると、もはや弁護士ではなく企業の経営者となってしまい、本業の弁護活動に割ける時間は極めて限定されてきてしまうと思います。

　経営に関心があれば割り切ってそれでもよいと思います。しかし、私自身にとっては、弁護士としての活動を続けることこそが目的であり、法律事務

所を経営することはその目的を達成するための手段に過ぎません。私の有限の時間と能力は、専門性を高めるために、弁護活動に可能な限り費やしたいと考えています。私のような凡人でも「無芸無能この一筋に連なる」という理念を実践し、時間と能力を特定分野に集中することで、比較的短期間のうちに各地の弁護士会で講演をさせていただけるレベルに至りました。

　私は、弁護士は「職人」だと考えています。職人としての知識と技術を極めるために日々努力を継続することが弁護士としての醍醐味だと感じています。そのために、経営上、専門特化することは必然であり、弁護士業界の環境的変化に柔軟に対応して好きな弁護活動を末永く続けるために固定経費は極力抑えたいと考えています。

② 　どのように経営戦略を立てたか？

　独立当初は、これといった経営戦略を立てたことはなく、どの程度の売上げや顧客が見込まれるかなど何も考えずに開業を決めました。

　私が独立した当初は、まだ弁護士の数も今ほど多くはなく、弁護士会等が主宰する相談会経由で事件を受任することができました。そのため、当初は、名刺代わりのHPを作成することくらいしかしていませんでした。その後、2013年に横浜オフィスを開設した頃から、方針を転換し、自身の獲得実績を事務所のHPで積極的に開示するようになりました。これは、弁護士業界で広告が自由化されて数年が経過した頃から、市民は弁護士を探す際にインターネットで検索することが多くなり、事務所のHPが目立たないとせっかく実績があっても、市民からみて、その弁護士は存在していないのと同じであると実感したからです。私は、弁護士が得意分野の専門HPを運営することは、市民が適切な弁護士を選択する権利を実効的に保障するためにとても価値があることだと考えています。

　このような経緯で専門特化したHPを作成したところ、HP経由での集客につながりました。

134

4 開業から現在までの経営状況の推移

2007年　弁護士登録

2010年　浦和に同期の弁護士と鳳法律事務所を設立

　　　　弁護士2名・事務局3名で業務開始

2011年　事務所を弁護士法人化

2013年　横浜ランドマークタワーに支店を開設（横浜オフィス）

　　　　林は埼玉弁護士会から横浜弁護士会（当時）に登録替え

2017年　横浜オフィスを閉鎖し、世田谷区に成城オフィスを開設

　　　　林は神奈川県弁護士会から東京弁護士会に登録替え

2018年　成城オフィスHPをリニューアル

　　　　全国の弁護士と連携開始

5 経営戦略・手法

（1）業務の強み（専門分野）

① 自分の業務における強み

　上記「3　経営理念」で述べたとおり、限られた時間と資金を病的窃盗の刑事弁護の分野に集中させることで、短期間で実力を上げることができました。そのため、現在では、飛行機や新幹線に乗って全国各地の裁判所で精神障がいを抱えた患者による常習的な窃盗事件の弁護活動を行っています。

② 分野選択における差別化の図り方

　これから独立開業を考えていらっしゃる方は、注力する分野を選択する際、まずは、ご自分の関心がある分野、好きな仕事を選んでください。関心がある分野や好きな仕事は継続して努力することができます。そして、関心

09 Daigo Hayashi　135

がある分野や好きな仕事の中でも、できる限り、競合他社が血みどろの競争を繰り広げるレッドオーシャンを選択するのではなく、競争相手のいないブルーオーシャンの分野を選択することが賢い選択だと思います。

　例えば、債務整理分野や交通事故分野はリスティング広告費が高騰しており、実績や資本力がない事務所の新規参入はハードルが高いといえます。これらの分野よりは、離婚や刑事弁護の分野の方が参入しやすいかもしれません。もっとも、これらの分野も最近は、各事務所が専門サイトを作成して広告をするなどしており、徐々にレッドオーシャン化しています。

　そのような中でご自分が選択した分野でさらに差別化を図る方法についてアドバイスするのであれば一言で表現すると、「小さい丘に大きな簱を立てる」です。

　例えば、離婚専門サイトは数多く存在します。その中で差別化を図るには、「女性のための離婚相談」や「自営業者のための離婚相談」など、離婚全般ではなく、ターゲットをさらに絞る工夫をするとよいでしょう。

　私は、「刑事弁護専門」のようにみられる場合がありますが、実はそうではありません。私は、刑事事件全般を扱っているのではなく、ほとんどは窃盗事件です。さらに、窃盗事件の中でも万引き専門であり、その中でも精神障がいを抱えた患者による常習的な窃盗事件の弁護専門です。転売目的の外国人による集団万引き事件などは扱いません。このように、私の場合、かなり「小さな丘」に「大きな簱」を立てていることがわかると思います。私からみると、「刑事専門」という看板は分野が広すぎて、総合デパートのように感じます。一口に「刑事事件」といっても、否認事件と情状弁護事件では争い方が全く異なります。さらに、殺人などの裁判員裁判と万引き事件などの裁判官裁判でも勝手は違います。これでは他の「刑事専門」とうたう事務所との差別化は図れません。

　以上をまとめると、まずは、ご自分の関心のある分野、好きな分野を選択し、その中から、極力、競争相手のいないブルーオーシャン分野を選びましょう。そして、まずはその分野に集中特化してオンリーワンの存在になってください。数年後には、他の弁護士も噂を聞きつけて参入してくるかもし

れません。しかし、その頃にはあなたは研さんを積み、知名度も上がっていますので、ナンバーワンを維持することは容易いはずです。

③　技術・知識の向上のために実施していることや平均単価の上げ方

これまで述べてきた「専門特化」することが弁護技術・知識の向上のためにも有益となります。有限の時間を特定の分野に集中するわけですので、民事・家事や刑事など全般を扱う弁護士の追随を許さない圧倒的な実力を身につけることができます。また、「専門特化」することは、平均単価を上げることにもつながります。

最近、ある事務所のリスティング広告でかなり低い金額を売りにしているサイトがありました。その広告では、特に低い金額で受任できる理由として、「窃盗事件の場合、弁護士がすることが少ないから」という趣旨の説明をしていました。本当にそうでしょうか。窃盗を繰り返す原因は複数あります。もし、私が専門的に扱っているクレプトマニアや認知症の患者の事案であれば、示談交渉などの基本活動に加え、意見書を作成してくれる医師や治療を受け入れてくれる医療機関の確保、本人や家族とのアセスメント、再犯防止のための環境調整など弁護士が再犯防止のためにしなければならないことはたくさんあります。

私からみると、上記の「弁護士がすることが少ないから弁護士報酬は低額」というのはかなり違和感があります。その事務所の費用は、いくら低額といっても国選費用の数倍は請求しているようですので、これなら国選弁護を選んだ方がよいでしょう。

このように価格競争に走るのは「専門性」がないからです。売りになる技術や知識、人脈がないために、価格を下げることくらいでしか差別化を図れないのです。しかし、価格競争の先に明るい未来はありません。先に述べたように、しっかりとしたサービスを提供できないと依頼者のためにもなりませんし、1件当たりの単価が低いため、件数をこなす必要が生じ、事務局や勤務弁護士、あるいは自分自身にしっかりとした給料を払うためにハードワークになり、皆が疲弊してしまいます。

私の場合、着手金と報酬は旧報酬基準の上限を最低額に設定しています。それだけの労力を１件当たりにかけますし、勤務弁護士や事務局と協力して手厚い弁護活動や再犯防止のための環境調整をしていますので、最低でもこのくらいはいただかないと事業が持続できないからです。また、他の追随を許さない結果も出していますので、平均単価を上げても依頼が途切れることはありません。「専門特化」して実力をつけたことで、依頼者は、飛行機や宿泊代を支払ってでも遠方の弁護士である私を選んでくださるのです。これは弁護士冥利に尽きます。

④　他分野の依頼があった際はどうするか？どこまで「専門特化」するか？その主体は？

　ここまで「専門特化」することのメリットについて説明してきました。それでは、専門特化した場合に他分野の依頼があったとき、どうするのか私の対応についてご紹介したいと思います。これはどこまで「専門特化」するかという問題です。

　私は数年前から、クレプトマニアや認知症患者の繰り返す万引き事件の弁護に特化するようになりました。そのため、他の分野の法律相談は事務所の２名の勤務弁護士に担当してもらっています。当事務所では２本目の柱として、離婚問題を扱っており、専門サイトも立ち上げました。勤務弁護士の意向を確認し、基本的に１名の勤務弁護士に全ての離婚問題を担当してもらっています。もう１名の勤務弁護士にはその他の事件を扱ってもらっていますが、彼にもそのうち、関心を示している医療機関の顧問の分野を掘り下げてもらおうと考えています。このように勤務弁護士を採用して、その他の分野を担当してもらう方法をとっています。

　その意味で、私が提唱する「専門特化」の主体は、法律事務所ではなく、弁護士個人ということになります。

⑤　専門特化することで依頼が集中しすぎて、何らかの対応が必要となった
ことはあるか？また、他分野の依頼が来なくなり、困ったことはあるか？

　これもよく受ける質問です。まず、前者の質問から回答します。これまで
はどうにか私個人で対応し、手いっぱいのときは事務所の勤務弁護士と共同
受任して対応できていました。しかし、現在、遠方の事件を受任することも
多くなり、また、個人事務所では受けきれないほどの相談件数となってきた
ことから、弁護の質を維持するために、全国各地の弁護士と共同受任して対
応することにしました。地元の弁護士に示談交渉や出廷などの実働をしても
らい、私は弁護方針の策定や再犯防止のための環境調整、意見書や弁論要旨
等の起案に専念することができ、適切な共同弁護の結果、全国の依頼者に手
厚い弁護を提供することができます。私がいただく弁護士報酬は半分になり
ますが、時間と労力が削減されるため、これまで以上に受任することがで
き、年間の売上げは下がらないのではないかと考えています。地元の弁護士
も専門的な分野の経験を積めますし、受任の機会を得るという見方も可能で
す。全国各地の依頼者も私の飛行機代や新幹線代などを負担しなくてよくな
るため、負担を軽減することができます。まさに「WIN-WIN」の戦略とい
えます。

　この戦略の重要なポイントは、共同受任する地元の弁護士は、刑事弁護の
実力があり、かつ、私の信念に共感してくれる方であるということです。共
同受任の相手は誰でもよいというわけではなく、私が「この人なら」と思っ
た方を個別に誘っています。

　次に、後者の「他分野の依頼が来なくなり、困ったことはあるか？」とい
う質問については、むしろ、元依頼者や関係者の方から、他分野の依頼や相
談がたまに来るようになりました。この場合は、勤務弁護士に対応しても
らっています。他分野の依頼が来なくなり、困ったということはありませ
ん。前述のとおり、私の事務所では、2本目の柱として離婚専門サイトを運
営しており、最近は、コンスタントに離婚相談も来るようになりました。

（2）ターゲットとする地域・客層

　私の専門分野である万引き事件の弁護の活動地域は全国です。客層は結果的に女性が多いですが、これは万引きに関連する疾病が女性に多いためであり、特に意識的に女性をターゲットとして広告をしているわけではありません。年齢は、20代から80代まで幅広く、年齢に関して特にターゲットを絞っているわけではありません。

（3）営業・顧客維持の方法

① 案件紹介のルート獲得のために、どのように計画を立て、行動したか？

　私は、弁護士登録直後にたまたまクレプトマニア患者の弁護を担当しました。当時は、クレプトマニアの知識もなく、手探りでしたが、一生懸命調べて、専門病院を見つけて裁判中に保釈を得て入院してもらいました。その治療効果を主治医に意見書の形で報告してもらう等の弁護活動を展開しました。

　この最初の事件は、当初、執行猶予中の強盗致傷被疑事件であり、傷害と窃盗に分けて起訴されたものの、実刑判決となりました。しかし、一生懸命弁護する私の姿をみていてくれた主治医の先生から、「他にもたくさん患者さんがいます」と紹介を受け、自然と経験を積むことができました。

　その意味で、私の場合、狙って新規分野を開拓したわけではなく、依頼者のために一生懸命弁護したことで、キーパーソンである主治医の信頼を得て、受任が増えたという経緯でした。

　現在は、お世話になった医師や元依頼者などのキーパーソンからの事件紹介が多いです。特に意識して営業しているわけではありません。強いて営業という言葉を用いるならば、専門知識と技術を磨いて、結果を出すことによって、評判が広がり、次の受任につながっていると考えます。また、依頼者に寄り添い、最良の結果を出せば、依頼者がファンになってくれます。元依頼者から「大切な仲間を助けてほしい」と依頼がきます。

　私は「営業・顧客維持の方法」を考えるのではなく、依頼者の幸せを願い最良の弁護をし、依頼者のその後の生活を気にして連絡を取り合うことを続

けていくと、自然と上記のような受任の機会が生まれるのだと感じています。

② 他事務所、他弁護士との差別化の図り方は？

すでに述べたとおり、キーワードは「好きこそものの上手なれ」「無芸無能この一筋に連なる」「ブルーオーシャンを泳げ」「小さな丘に大きな旗を立てる」です。

③ どのように知名度を上げたか？

意図的に知名度を上げたことはありませんが、上述のとおり、私の仕事ぶりをみていたクレプトマニアの専門医から患者を多数紹介されたことで弁護の経験を積ませてもらいました。その経過で、日本嗜癖行動学会や日本摂食障害学会の医師の依頼で学会に参加したり、学会誌に弁護士の観点から論文の寄稿を依頼されたりするようになりました。また、弁護活動で実績が出てくると、新聞記者から取材を受けるようになり、報道番組でも NHK の特集でのスタジオ生出演をはじめとして、民放の報道番組の取材を数多く受けるようになりました。

今振り返ってみると、当初誰も扱っていなかったニッチな分野で「専門特化」したことにより、オンリーワンの存在となり、学会に呼ばれたり、論文を依頼されたり、マスコミの取材を受けるようになったのだと思います。専門特化したことで、自然に知名度が上がっていったというのが正しい分析だと思います。

④ マスコミに取り上げてもらうための取組みはしているか？その効果は？

私自身は意図的にマスコミに取り上げてもらう取組みはしていません。

私の同期の事務所は広告代理店に依頼して、積極的・意図的に勤務弁護士をワイドショーなどのひな壇に座らせて知名度を上げています。ただ、私は、法律事務所名が有名になっても直ちに受任にはつながらないのではないかと考えています。また、特定の専門分野と結び付かずに弁護士の名前が売

れても本業の受任にはなかなかつながらないと思います。

　もちろん、事務所を有名にしたり、弁護士枠のタレントになりたいと考えている人にとっては、その人にとっての自己実現を果たしたことになりますので、私がとやかく言うことではありません。しかし、受任の観点から知名度を上げるのであれば、やはり専門分野との関係で知名度を上げる必要があります。

　大切なのは、「法律事務所といえば○○事務所」という情報を市民に浸透させることではなく、「離婚で弁護士といえば○○弁護士」「万引き事件で頼りになるのは○○弁護士」というように、一般市民が具体的な問題を抱えて専門の弁護士に相談しようとする際に依頼対象として頭に浮かぶ弁護士としての知名度を上げることです。

⑤　HP や SNS 等での集客の工夫は？

　すでに述べましたが、名刺代わりの HP では全くといっていいほど、集客の効果は見込めません。集客のためには、自分が選択した専門分野の専門サイトを作成するべきです。また、私は、「集客」という言葉は古いと感じており、現在は、「選客」という言葉を好んで使っています。離婚サイトを例にすると、平均単価の低い財産なしの若い夫婦の離婚は避けて、比較的高い単価が見込まれる自営業者や医師の世帯や熟年離婚を多く扱いたいと考えた場合、サイト内の解決事例やQ＆Aの記事は、後者に向けたメッセージとなる内容に揃え、後者の当事者をサイトに誘導するように工夫する必要があるでしょう。

　私の専門分野であるクレプトマニアのサイトの場合、治療意欲がある方、再犯をしたくないと思っている方に相談に来てほしいと考えていますので、「治療意欲がある人であれば全国どこにお住まいの方でもご相談に応じます」とメッセージを掲載しています。治療は受けたくないけど、執行猶予にしてほしいという方の弁護はお請けできません。また、私はクレプトマニアなどの病気が原因で万引きを繰り返す方を医療や福祉と連携して回復させる活動を行っていますので、同じ窃盗でも職業的スリや集団窃盗事案の記事は載せ

ていません。

⑥　宣伝の観点から、事務所名はどのようにつけたか？事務所名のこだわりについて

　実はこの点は無頓着でした。広告のプロと話した際、この点は指摘を受けました。例えば、片仮名で短いと事務所名を覚えやすく、戦略的である旨説明されて「なるほど」と感心した記憶があります。

　私の事務所名は「鳳」であり、読めなかったり、書けなかったりする方もいらっしゃいますので、あまり戦略的ではないと思います。ただ、何となく「老舗」感があり気に入っています。名前の意味は、鳳⇒鳳凰⇒フェニックス⇒火の鳥という勝手な連想から、「人生を再生させる」という意味を込めて命名しました。

　今は、病的に万引きを繰り返す方を医療につなぎ、病気に振り回されない「普通の生活」を取り戻す仕事を専門的に行っていますので、私の専門分野をよく表した事務所名になっているなと感じています。

（4）組織、コストの考え方

①　勤務弁護士の採用

　おそらく、弁護士は私1人、事務局は家族1人という構成が一番私個人のもとにお金を残せます。1人で仕事をする方が、勤務弁護士や事務局との間の人間関係上のストレスを抱えたり、人件費などの固定費について心配したりする必要もなく気が楽です。それでも勤務弁護士を採用する理由は、入所したいと言ってくれたから「来るもの拒まず」というのが実際です。

　ただ、私は、自分が専門特化しているクレプトマニアの分野はいずれ法改正により、特別な弁護活動が不要となるようにするべきだと考えており、有志の医師や弁護士と刑事政策の提言をするなどの活動をしています。

　この場合、勤務弁護士にも別の分野を極めてもらっていれば、私の専門分野が消滅した場合でも、私が次の専門分野を開拓するまでの間、勤務弁護士の専門分野により事務所を継続することができます。その意味で勤務弁護士

２名を採用し、それぞれに専門分野をもたせること、及びそのためのコストは、私や事務所にとって保険、あるいは、１つの専門分野を発展的に解消させた後に安全に次のステップに移るための仕組みといえるかもしれません。

② 事務局の専門性

　当事務所は、小規模ながら、事件係の事務局と総務・経理係の事務局、銀行や裁判所回りの庶務事務局と役割分担が比較的明確になっています。このような役割分担制を採用することによって、それぞれの事務局の専門性を高めることができます。担当の事務局が休んだ場合でも、サイボウズなどのツールで顧客情報や事件管理に関し、皆が同じ情報にアクセスできるようになっていますので、特段支障はありません。

6 今後について

（１）経営者としての将来の目標

　　　　　各事務所の規模は可能な限り小さくして固定費を抑えることで弁護士業界の環境変化に伴う事務所経営上のリスクを回避しつつ、特定分野ごとに全国的なボランタリーチェーン展開や弁護団などを組織し、特定分野ごとに真の専門家集団をつくり上げたいと考えています。弁護士を依頼する市民の利益保護と社会正義の実現のために高度の専門性と倫理観を兼ね備えた弁護士が求められています。その礎をつくり上げることができたら、経営者としてこの上ない幸せです。

（２）弁護士としての将来の目標

　個別事件の刑事弁護活動に加え、政策提言をしていきたいと考えています。具体的には、従来の古典的な行為責任主義（過去の犯罪行為に見合う刑罰を科すために刑事手続きがあるとする考え方）に立脚するのではなく、再犯防止のために被疑者・被告人を支援するという治療的司法観に基づく刑事

司法にするべく、我が国の刑事政策を変えていきたいと考えています。

　最終的には、「事案の真相を明らかにすること」「刑罰法令を適正かつ迅速に適用実現すること」のみを刑事訴訟法の目的とする同法1条を改正し、刑事訴訟の目的に「被疑者及び被告人の再犯を防止すること」を明記する改正を成し遂げたいです。

10

ケースに法の力を、法の現場にソーシャルワークの力を

Go Hirabayashi

平林　剛

業務の中心分野
精神保健福祉
・家族問題
・精神障がい者

PROFILE

▶修習期　　　　新61期

▶所属弁護士会　東京弁護士会

▶事務所名　　　弁護士法人ソーシャルワーカーズ多摩支所

▶所在地・開業　東京都新宿区・2014年〜、立川市・2017
　（移転）年　　年〜

▶事務所員数　　弁護士1名　非常勤事務職員2名（経理等。事件処理には関わらない）

▶取扱案件の割合　家族関係（離婚・面会交流）　　40%
　　　　　　　　　ケースに対する助言・スーパーバイズ
　　　　　　　　　　　　　　　　　　　　　　　40%
　　　　　　　　　上記助言から受任に至ったもの　10%
　　　　　　　　　その他（刑事事件含む）　　　　10%
　　　　　　　　　※上記の他、週2日スクールソーシャルワーカー勤務（平成29年度まで）

自己紹介

精神障がい者福祉は、修習時に刑事事件における
情状弁護に疑問をもったことがきっかけ

《弁護士としての自己紹介》

　もともと、刑事事件における更生に興味をもっていたことがきっかけで精神障がい者福祉に関わるようになりました。刑事裁判修習のときに、実際の薬物の自己使用事案の量刑起案をさせていただいたことがあり、私は、本人のリハビリ施設に行く旨の供述を重視した起案を行いました。指導担当裁判官は、「量刑が軽すぎる」と言って、私の起案に駄目出しをしたうえで、最終的に、相場より軽い刑を言い渡されたのですが、そのとき、被告人が勢いよくガッツポーズをしたのを見て、自分の判断は正しかったのだろうかと思うようになりました。このことがきっかけになり、修習の自己開拓プログラムで薬物依存症のリハビリ施設で修習したのですが、その際に、「裁判でリハビリ施設に行くと言って行かない人はたくさんいる」と聞かされ、支援の現場のことを何も知らずにリハビリ施設につなぐのは無責任なのではないかと感じ、以後、支援の現場のことを知るため、リハビリ施設にあししげく通うようになり、そのご縁で、福祉事業所併設型法律事務所として独立することになりました。

　また、家族問題については、弁護士になる前から興味がある分野ではありましたが、法テラスのスタッフ弁護士時代に受任した事件の半分近くが家族問題に関する事件だったことが一番のきっかけです。そして、突き詰めれば突き詰めるほど、精神保健福祉に関連が深い分野だと感じて今に至っています。

　法律という切り口からの分類としては別分野かもしれませんが、社会的な切り口から見ると、精神保健福祉という1つの分野に特化して仕事をさせていただいている感覚です。

《事務所紹介》

一言で言うと、福祉事業所併設型法律事務所になります。

もともと、法テラスのスタッフ弁護士として、「アウトリーチ」に取り組んでいました。とはいえ、アウトリーチといっても、弁護士は困りごとを抱えた生活者に密着した存在ではなく、単独でのアウトリーチは困難と考えていたため、生活者に密着している福祉事業所にアプローチをかけることを行っていました。そのような中で、福祉事業所に法律事務所を併設してしまえば、福祉事業所の職員からの日常的な相談にも対応できますし（結果として、法的な助力が必要なケースを眠らせたりすることなく、早期に介入できる）、自身も生活者に密着し、また、支援の現場をきちんと理解することができるのではないかと考えるようになりました。

開業直後は、「（今までもなかったのだから）そんなところに事件はないんじゃないか」「事件があったとしてもお金にならないんじゃないか」「色がつきすぎて他の事件が来ないんじゃないか」という反応が多かった他、日弁連から非弁提携事務所ではないことの確認の電話がありました。

他方で、面白いと言って見学に来てくれる方（面識のなかった北海道の先生から突然電話があり、出張のついでに見学にお越しいただけたこともありました）がいた他、独立を迷っていた何人かの友人が同じようなスキームで独立に至りました。

2 弁護士としての「想い」・理念

一番大事にしているのは、弁護士という資格にこだわらずに、付加価値をつけることです（目の前の人に対して、一対人援助職として支援を提供し、その支援の一選択肢として、弁護士資格に担保された法的知識を活用する、という感じです）。

私のことを薬物の自己使用の刑事弁護を得意とする弁護士として宣伝してくれていた友人が、それを聞いた他の弁護士から、「誰がやっても結論が変

わらないのだから得意とか苦手とかそういう領域じゃない」と言われたことがあるそうです。

もともと、依頼者は、何がしかの課題を抱えて弁護士に相談し、さらには依頼していることがほとんどです。そうであれば、根本からその課題を解決したい（少なくとも1歩でも解決に向けて前進させたい）、と考えていました。そういった視点で依頼者と関わる中で、私が扱ってきた法律的な問題の多くは、日々の小さな問題・生活習慣の積み重ねが原因で生じたものだと考えるようになりました。法律的な問題だけを解決することは、ダイエットに例えれば、脂肪吸引だけを行うようなものです（生活習慣が変わらなければいずれ元に戻ってしまい、完全な解決にはなりません）。もちろん、依頼者が、現に困っている目の前の問題を、きちんと法的に解決することは当然であり大事なことですが、これらに加えて、きちんと生活支援をする、あるいは生活支援をしてくれる人につなぐ、それが無理ならせめて支援の必要性を自覚してもらう、という付加価値をつけることを考えています。

そういった視点での弁護活動がはまりやすく（家事事件・刑事事件）、あるいはもともとそういった視点で持ち込まれ、さらにはチームでの支援を通じて自らもスキルアップしやすい（障がい者支援）こと、その中でも精神保健福祉分野が一番面白いと感じたことから、この分野で仕事をしています。

「精神障がい者がかわいそうだから」「弱者救済のため」のような想いでこの分野を選んだわけでは全くありません。

3 経営理念

① 経営するうえで、何を一番大切にしているか？

一番大切にしているのは、「持続可能性」です。

精神保健福祉分野への法的な支援のニーズは少なからずあり、そのニーズに応えるためには法律のみならず現場のことも一定程度理解している必要があると感じています。この分野をきちんとマネタイズし、将来、後輩たち

が、この分野を主たる業務として扱える環境ができて、はじめて、そういった弁護士を社会的インフラとして安定的に供給できると考えています。

そのため、持続可能性を確保できるよう（＝ボランティアにならないよう）、心がけています。相手に対価についての考えがある場合には、うまく双方のニーズをすり合わせることによって WIN-WIN の関係を構築することができるので（例えば、以前、とある福祉事業所から、家賃を無料にするので法人化して併設型法律事務所の支店を出さないか、というお誘いをいただいたこともあります）、ニーズを調整のうえ、金額的には低額の依頼でもお請けしています。他方で無償を前提とする気持ちを感じる場合には、基本的にお断りしています。もちろん、実際には、ボランティア的な事件もありますが、そういった場合でも、次に同じような相談があった際に、どのように WIN-WIN の形でマネタイズするかを考えるようにしています。

② どのように経営戦略を立てたか？

経営戦略としては、《事務所紹介》に書いた「福祉事業所併設型」というのが最大の核でしたので、それ以上は特に考えていませんでした。強いて言うなら、売上げそのものが大きく伸びる分野ではありませんので、「5 経営戦略・手法」にもあるように、低コストを徹底的に意識し、利益率を向上させることを考えました。このあたりは、北周士編『弁護士 独立のすすめ』第一法規（2013年）をかなり参考にしました。

③ どの程度の売上げ見込みで開業を決めたか？

開業時に具体的な売上げ見込みはありませんでしたが、ひたすらに売上げを追求するよりも、1つ1つの事件を丁寧に扱いたいと考えていたため、自分がどういう生活をしたいか、老後資金はどう調達するか、というライフプランをきちん考え、最低限必要な売上げを確認するとともに（このとき立てた売上げ目標は月額120万円でした）、それに基づく自身の時間単価の算出を行いました。1年後、ほぼ目標どおりの売上げになり、生活実感としては、法テラス時代よりかなり余裕のある暮らしとなりました。

150

4 開業から現在までの経営状況の推移

2009年12月　　弁護士登録

2013年秋頃〜　併設型事務所開設に向けて調整開始

2014年 1 月　　新宿区にて開業
　　　　　　　　この頃、事件数が少ないと予想していたため精神保健福祉士
　　　　　　　　の実習をし、また、精神保健福祉の現場を知るため、実習先
　　　　　　　　でアルバイト

　　　 4 月　　アルバイト先の福祉事業所退職の際に顧問弁護士のお話をい
　　　　　　　　ただく

2015年 3 月　　精神保健福祉士登録
　　　　　　　　この頃から相談のマネタイズ化を意識し始める。離婚事件を
　　　　　　　　中心に、事件終了後の個人向け顧問契約の依頼が増え始める

　　　 11月　　事務職員退職。以後、事件処理について一人事務所
　　　　　　　　この前後から分野を絞り込むことを考え始める

2016年夏頃〜　今まで見学や勉強会でご縁があった福祉事業所からの顧問契

2017年夏頃　　約が増加。同時に、既存の顧問先についても作業実績に応じ
　　　　　　　　てお願いした顧問料金の増額に快諾いただき、ケース支援業
　　　　　　　　務の比率が急増し始める。また、スポットの依頼もほぼ家族
　　　　　　　　問題のみとなってくる

2016年 9 月　　精神保健福祉士としての対人援助技術の向上と、子どもや家
　　　　　　　　庭を取り巻く関係機関の現場の動きをきちんと知りたいと
　　　　　　　　思ったため、スクールソーシャルワーカーとしての勤務開始

2017年 2 月　　立川市に事務所移転

2018年 5 月　　弁護士法人化

5 経営戦略・手法

（1）営業・顧客維持の方法

① 営業戦略の立て方・差別化の図り方

　開設時は、福祉事業所併設型であれば、ある程度は依頼が見込めるのではないかと考えていましたが、この点については正直見通しが甘かったと思います。

　原因としては、代理の依頼よりも、圧倒的に相談が多く、代理の依頼についても簡単な交渉代理、役所との折衝などが多かったためです。低コスト化していたことと、昔の依頼者から大きめの事件をいただいたため赤字ということはなかったのですが、ボランティアのような事件を大量に抱えているような状態になってしまい、体力的にもきつい状態となりました。

　必然的に、相談そのもののマネタイズを考える必要が生じたのですが、通常の法律相談を有料化することは、売上げとしては焼け石に水ですし、営業上も不利益が大きいと判断し無料のままとすることにしました（ただ、無料の回数を何回までにするかは試行錯誤を繰り返し、現在は2回（人単位）までとしました。開設当時は無制限でした）。

　そのうえで、傾聴やコーチング的な関わりを主とする継続的な相談をご希望の方に対しては、顧問契約のご提案をし、また、福祉事業所に対しては、ケースワークを法的に支援する顧問契約のご提案を行いました（弁護士が関与することによって現場の職員がその専門性に応じた支援に集中することができ、結果としてリソースを有効活用できる、という提案です）。弁護士による障がい者の支援には、長い歴史がありますが、どちらかというと、「障がい者の人権」「政策論」という側面が強く、ケースワークへの支援という側面はあまりなかったと、福祉の現場の人から言われます。ケースワークへの法的支援であることと、その際に、自らも現場を知っていることからイメージを共有できること（場合によってはケースの進め方そのものについて一緒に議論できること）は他の弁護士と差別化できていることだと思います。なお、どうしても福祉領域を扱っていると、高齢者にも、子どもにも、

身体障がいにも、知的障がいにも、精神障がいにも詳しいように勘違いされますが、そんなことはなく、例えば私は、高齢者の問題にはそこまで強くありません。もちろん、それぞれが独立した分野ではなく、相互に絡み合う分野であり、私のような状態がよいわけでは全くないのですが、現場の方から相談を受けた際に、具体的なイメージがもてるだけの経験を積むためには、ある程度絞り込んでいく必要があると思います。

② 具体的な集客の工夫

　福祉事業所に対する営業は、WEB や SNS ではほとんど効果がないと感じています。ケースカンファレンスに出ると、出席者の中から、「弁護士のスタンドプレイ」に悩まされている、という趣旨の発言を聞くことは少なくなく、福祉事業所側としては、目の前の弁護士が本当にケースを協働できるのか（福祉職の判断・アイデンティティを尊重してくれるのか）、自分たちが支援してきた当事者に対して敬意を払った支援をしてくれるのかをとても気にしており、これらをきちんと見極めたうえで相談・依頼をしたいと思っています。私の場合、対人援助の技術そのものに興味があったことから、いろいろな福祉事業所を見学させていただいたり、そこからさまざまな事例検討会や学習会に継続的に参加させていただいていたため、そのような関係を前提に、トラブルをきっかけに顧問契約をご提案し契約に至るというケースがほとんどでした。

　家族問題については、小さな事務所で広告戦略を考えても、結局大手に競り負け無駄になるだけだと考えていましたので、紹介一本で勝負すると決めていました。紹介営業は、相手の頭の中の検索第１位になる必要があると教わりました。例えば、「離婚・交通事故・損害賠償・遺産相続が得意な弁護士」として認知されているＡ弁護士と、「離婚が得意な弁護士」として認知されているＢ弁護士の場合、目の前の人に「離婚が得意な弁護士を紹介して」と言われた場合、真っ先にＢ弁護士の名前が頭に浮かぶ可能性が高いと思います。紹介営業の場合、とにかく普遍的なワードではなく、特化したワードで認識される必要があると思います（ちなみに私の名刺は、左上に、

10　Go Hirabayashi　153

離婚・依存症・出張相談と記載してあります。なお、可能な限り名刺上の情報を絞り込むため、事務所名はつけませんでした）。紹介営業においては、自分が希望する顧客を周りに具体的に伝えること、また、自分が、何の仕事をしているかではなく、どういう信念でその仕事をしているかを話す方がよいといったことを、同じように紹介営業を中心とする職種の方々から教わりました。

（2）業務の強み

①　業務における強み

　先にも少し触れましたが、支援の現場を踏まえた法的助言ができること、さらには、ケースの進め方そのものに対して違う観点から議論・提案ができることが強みだと考えています（この強みを生かし、判断そのものをマネタイズする機会を増やしていきたいと思っています）。

②　分野選択における差別化の図り方

　分野選択における差別化の図り方については、現状、この分野は完全なブルーオーシャンで、参入するだけで差別化が図れるように感じています。そのうえで、差別化を図るため、あるいは、儲かる分野だから、という動機で参入するのではなく、取り扱っていて楽しい分野だから、その中でどう差別化を図るか、どうマネタイズするかを考える、という順番でないと、技術・知識の向上を含め、続かないように思います。

③　技術・知識の向上のために実施していること

　技術・知識の向上については、対人援助の部分は、本を読むというよりも、仕事の中で、例えば助言者として呼ばれた事例検討会や、チームで一緒に援助を進めていく過程で、他の援助者の対応や意見などから学ぶことが多いです。まだまだ弁護士という資格に対する信頼性は高いので、弁護士に希少性がある分野に飛び込むと、その分野でイノベーションを起こそうとしているトップランナーたちと一緒に仕事ができる機会が増え、そこから学べる

ことは非常に多いと感じています。

　法律的なことは当然自分でキャッチアップする必要がありますが、使う知識は基本的なものばかりで、むしろ、どううまく使うかが試される場面が多いように感じています（基本的には簡単な法的知識に付加価値をつけて提供するモデルですが、前例が全くなく、一から考える必要がある論点に遭遇することもあります）。

④　他分野の依頼があった際はどうするか？

　開業当初は基本的に他分野の依頼も断らずに受任していたのですが、継続的なコスト削減による利益率向上と、持続可能性を重視した受任から経営が安定してきたこと、慣れない分野に手を出すよりその分野を得意とする弁護士を紹介した方が本人のためになること（その分野について、信頼して紹介できる人が増えてきたこと）、事件処理効率などの観点から、少しずつ受任する事件の分野を絞っていきました。現在は、本当に好きな分野だけに絞って空き時間をつくり、できた時間で関連分野についての先行投資を行う、というモデルにシフトしつつあります。スクールソーシャルワーカーとしての勤務もその一環です。収入自体は、福祉職の相場よりは高いですが、弁護士としては（抱えている固定費を考えれば）安い、という実感ですが、この仕事で得た経験、人脈は、業務の強みを増してくれていると思います。

⑤　専門特化することで、困ったことはあるか？

　今のところ、専門特化して困ったことは特にありません。ただ、紹介営業の場合、「特化したワード」が適切に伝わっていないと、紹介者の勘違いや躊躇により案件の取りこぼしが生じるため注意する必要があると思います。

　私の場合は、ゲートキーパー的な業務にも興味があるため、内容によっては他の弁護士を紹介することになります、という前置きを入れたうえで、相談自体は分野を問わずに対応しており、結果として取りこぼしは少ないのではないかと思っています。

（3）ターゲットとする地域・客層

　紹介については、それ自体とてもありがたい話ですので、特に地域・客層でターゲットは設定していません。

　福祉事業所のケースワークに対する法的支援については、日頃どれだけ現場で働いている職員と交流できているか、気さくに相談できる関係かが大事なため（そういった関係性が構築できていないとこちらをうまく活用していただくことができず、結果として顧客の満足度が下がると考えています）、基本的には日常的に顔を出せる事業所をターゲットにしています。

　顧問先と打合せが必要な場合には、原則としてこちらが出向くようにしています。

（4）組織、コストの考え方

①　イソ弁の採用

　キャパオーバーになる→分野を絞り込む→その分野内でキャパオーバーになる→さらに分野を絞り込むという形で対応してきたため、今すぐイソ弁が必要、という感じではありません。ただ、絞り込んだ業務の1つがケース支援の顧問業務なのですが、顧問業務に特化しすぎると長期的には経営が先細りになる可能性があるため、きちんとスポットの依頼に対応できる体制を構築したいと思っています。しかし、現状では、事務所システム上もキャパが小さく、急に新規で離婚を3件受任というようなことになると、前触れなくいきなり繁忙期になり身動きが全くとれなくなることから、イソ弁を雇いたいと考えています（この分野における後進育成という気持ちもあります。ただ、総事件数が少ないため、成長の芽を摘んでしまうのではないかという不安もあります）。

②　事務職員の採用。いない場合の工夫

　事務職員については、当初はアルバイトを雇っていました。しかし、退職後に新たに採用することは見送りました。下記がその理由です。

　㋐インターネットファックスの利用

㈡WEB 郵便の利用

㈢050 plus for Biz の利用（050 plus for Biz を事務所の代表番号としてお伝えしたうえで、こちらに着信した電話を事務所の固定電話に転送して対応。出先では050 plus for Biz から発信することによって、事務所番号での発信が可能）

㈣依頼者との事務連絡におけるメールの利用率向上

㈤書面のデジタル化（職印の印鑑をスキャンし、PDF 上で職印を押印できるように設定）

など、場所を問わず隙間時間に事務局業務を行うことができる環境の構築に成功した他、

㈥レターパックの活用（郵便局に行かずに追跡・手渡しの郵便サービスが利用できる、レターパックを返信用封筒に利用することによって相手方のレスポンス状況の管理が可能であり、効率的に事務所に立ち寄ることができる。郵便費の管理を簡略化）

など、業務の簡略化・効率化を繰り返したこと（受験生時代に事務職員をしていたことや、事務職員にもライフワークバランスを重視してほしいという気持ちから、効率化のためのヒアリングを心がけていたことが役に立ちました）。また、なによりも、

㈦事務職員に助力をお願いすることの少ない取扱分野に特化していったこと

が、事務職員の採用を見送った最大の理由です。

㈦については、意識的に取扱分野を絞り込んでいった部分もあります。例えば、債務整理事件は多くの事務処理を要し、事務職員の助力が必要ですが、頻繁に来るわけではない債務整理のために事務職員を雇うことがストレスになったため（事務職員の側としては、暇なら暇でよいのかもしれませんが、全く仕事がないとなんだかこちらが申し訳ない気持ちになってしまうため）、債務整理が対人援助職の生活支援のスキルが極めて有効に機能する事件類型であることは理解しつつも、ボランティア的な対応が必要な事件を除き、原則として他の弁護士にお願いすることにしました（将来的に事務所を

大きくする段階では、また、日常的に取り扱えるようにしたいと思っています）。

③ 固定費削減の取組み

　固定費が少ないことは、私の事務所においては生命線です。もともと事件処理にあたって、対人支援の観点からの付加価値をつけるという事務所ですので、基本的に相談、打合せは1回2時間程度を確保するようにしており（依頼人と直接会う時間を長くとるため、業務効率化にとてもこだわってきたという側面もあります）、たくさんの事件数を抱えることができません。このスタイルの場合、売上げを増やす1つのアプローチとしては、成果物ではなく判断そのものをマネタイズするというアプローチがあり（その1つがケース支援の顧問業務です）、これは強みの1つとして行ってはいますが、やはり、どれだけ利益率を高くするかが大事だと感じています。開業から3年間は、ほとんど売上げは変わらなかったものの、固定費の削減を繰り返し、年々可処分所得が増えていった感覚があります（4年目の昨年は、判断そのもののマネタイズにも成功し、売上げも増えました）。イソ弁時代、給与と別に入ってくる国選の報酬はボーナス気分だったと思うのですが、独立した瞬間に安いと感じる人がほとんどだと思います。理想は、独立してなお、国選の報酬をボーナス気分で受け取れる事務所です。

　固定費削減の工夫について意識しているのは、単純に我慢する削減ではなく、複数の積極的な意味をもつ削減を心がけるということです。例えば、事務職員を置いていないため、依頼者に対する日常の連絡も全て弁護士が対応することになりますが、これは、対人支援の観点からは、信頼関係の構築につながるとともに、細かい情報を取得することができ、相手方への提案や本人への援助に生かすことができます。さらに事務職員がいないことからほとんど事務所に立ち寄る必要がないノマドスタイルでの仕事が可能となり、時間効率がよくなります。ほとんど事務所に立ち寄らないので事務所費用は大幅に削減することができます。

　また、きれいで好立地の事務所は、相談者への広告効果も期待できます

が、紹介営業の場合、もともと相談者が一定の安心感をもっていますので、事務所へ投資を控えたことが大きなデメリットになりませんし、さらに、出張相談がメインのため、もともと事務所を使う状況も少ないです（余談ですが、事務所が大きくなってきたらフリーアドレスを採用したいと思っています）。

　もちろん、固定費削減のために、好きでもない業務に絞り込むのは本末転倒ですので、自分の好きな分野がコスト削減に適した事件類型だったことは、運がよかったと思っています。

④　あえてコストをかけている点

　逆にコストをかけているのは、人との関係にまつわることだと思います。

　スキルアップという観点からも、営業という観点からも、とにかく人と関わることが大事だと考えているので、旅費・交際費は非常に高いです。また、なにか新しい経験をフィードバックしてくれそうなクラウドファンディングや、新しい社会資源をつくり出そうとしているクラウドファンディングなどには積極的に出資しています。そこからのご縁で、有益な経験や勉強をさせていただいたり、弁護士業に限らない新しい仕事をいただいたりしています。

　イメージとしては、固定費は少なく、一回性のコストは惜しまず、という感じかもしれません。

（5）働き方

　現状、一人事務所のため、弁護士としての働き方と経営者としての働き方を意識的に分けることはありません。経営者になる場合も、大きな集団のマネジメントは苦手なため、得意な人にお願いすることを考えています。

　働き方そのものについては、対人援助職は、自分のコンディションが援助の内容にどうしても出がちな職業ですので、仕事のクオリティを維持するためにもライフワークバランスを重視したいと思っています。8時間睡眠をはじめとしてきちんと休息をとることを心がけたいと思っています。

6 今後について

（1）経営者としての将来の目標

　　ケース支援など、対人援助職・ソーシャルワーカーの方々のインフラとなれるような事務所を、さらには、社会資源をつくり出したり、ソーシャルアクションを仕掛けられるような事務所をつくりたいと思っています。私自身は、チーム内に丁寧にマインドを浸透させていく形のマネジメントは得意ではないため、事務所を大きくしていく過程では、無理して自分が苦手なことをするより、大きなチームのマネジメントができる仲間と組んで、進めていきたいと思っています。

（2）弁護士としての将来の目標

　現在、刑事事件の領域では、「更生支援計画」という形で、弁護士とソーシャルワーカーの協働が進んでいます。しかし、弁護士とソーシャルワーカーの協働は、刑事事件に限らず、債務整理・家事・外国人・労働その他あらゆる分野において、依頼人のニーズに応えていくために有益であり、協働という文化を弁護士業界の常識として定着させるような取組みを進めていきたいと思っています。

COLUMN

株式会社士業クラスタ設立秘話
北 周士 Kanehito Kita

PROFILE··
旧60期（東京弁護士会）、北・長谷見法律事務所。イソ弁、ノキ弁合計で3年半勤務
後、2011年4月にきた法律事務所開設。2015年に名称変更。編著書に『弁護士 独立
のすすめ』（2013年）、『弁護士 転ばぬ先の経営失敗談』（2015年）、『弁護士 独立・
経営の不安解消Q&A』（2016年・いずれも第一法規刊）。

1 具体的な業務内容

　私は、法律事務所を経営するかたわら、株式会社士業クラスタ（当初は
法律クラスタ）という会社を設立し、主に士業向けのセミナー及び交流会の
企画・運営と士業に対する個別のコンサルティングを行っています。

　セミナーは平均して月6回（週1、2回）程度行っており、内容は多岐
に渡っています。セミナーは大きく3つの柱に分かれており、①業界外の専
門家の話を聞くもの（「営業のプロに聞く士業のための営業セミナー」「ホテ
ルマンに聞く士業のためのホスピタリティセミナー」など）、②特定分野に
ついて研究を行うもの（「ロビイング研究会」「生命保険信託勉強会」など）、
③優れた同業者の経験談を聞くもの（「顧問先の獲得・維持のセミナー」「士
業のためのマーケティング＆マネジメントセミナー」など）に分類できるか
と思います。もっとも、この分類に当てはまらないものも多く、業界全体の
発展に資すると思われるものであればあまりこだわりなくセミナーを開催し
ています。

　上記のもの以外にも「医師と士業の交流会」「クレド策定セミナー」「福
祉系弁護士座談会」「成果を出すためのチームビルディングの方法論」「保険
を利用した相続対策セミナー」「弁護士法人の設立方法とその光と闇セミ
ナー」「弁護士的ビジネスマインドとその活用セミナー」「法律事務所の税金
と節税の基礎セミナー」「リーガルと人工知能研究会」などを開催してお
り、今後も項目は増えていく予定です。

また、セミナーの後には講師陣や参加者同士の懇親会も行っています。加えて希望者には事務所の経営や今後の方針について個別に相談に乗ることもあります。

2　会社設立の経緯

　私は、業界全体がもっとレベルアップしていくべきだと考えています。現在でも業界には素晴らしい技術をもっている人がいて、そのこと自体は素晴らしいことだと思いますが、ゴッドハンドに当たらなければ適切な事件処理ができないのであれば、それはエンドユーザーにとっての利益にはなっていないと思います。

　また、弁護士１人が適切に処理できる事件数は実際のところそれほど多くはないと考えています。争訟案件で数十件、顧問契約でも数十件というところではないでしょうか。

　そこで、業界全体のレベルを上げることによって、より広い範囲の会社や個人に、より優れた問題解決の手段を届けることができるようになると考えています。

　また、士業はどうしても内向きになりやすい業界だと感じています。しかしながら、素晴らしい技術をもった人間は業界の内だけでなく業界の外にもたくさんおり（母数が圧倒的に多いので当たり前ですが）、業界の内に向きがちな士業の目を業界の外に向けさせたかったということもあります。

　なお、通常であれば自分の事務所を拡大することによってより広い範囲の人にサービスを届けるというスタイルになると思うのですが、残念ながら私は人に働いてもらうということが極めて下手であることから、自分ができない分については他の先生方にやってもらうしかないと思ったことも会社を設立した理由の１つです。

162

COLUMN

3 本業との関係

セミナー事業はその後ろにあるバックエンド商品につなぐことが王道ですが、本セミナーは「弁護士を中心とした士業」がクライアントであることから、そのまま本業につながることはほとんどありません。

そういった意味では「本業につながる副業」ではなく「本業での人脈を生かした副業」になると思います。若手弁護士の開業支援をしている私の人間関係がそのまま副業になっているというイメージです。

とはいうものの、セミナーを繰り返していると個別の相談をされることも増えてきており、士業に対するアドバイス（コンサルティング）が第二の本業となる可能性もあるのでないかと考えています。

また、セミナーを繰り返し一番聞いているのは私自身であることから、成果が一番出ているのは私かもしれません。営業セミナーを何回も聞いていたためか、セミナーを企画するようになってから顧問先獲得の速度が明らかに上がっています。思わぬ副次的効果かもしれません。

4 今後の目標

当初の予定どおり業界全体のレベルアップを図っていきたいと考えています。特に現在の弁護士業界においては世代間での断絶がかなりあると考えていることから、上の世代の技量や経験を下の世代に効率的に伝えていくためのプラットフォームになれたらよいなと考えています。

また、セミナーについては実際に参加していただいた方が実りはあるものの、遠方の方が参加をするのは実際には難しいこともあり、セミナーの動画配信をするなど、なるべく多くの士業のレベルアップに資するような体制を整えていきたいと考えています。

11

入口戦略としての行政事件

水野 泰孝

Yasutaka Mizuno

業務の中心分野　　行政事件

PROFILE

▶修習期　　　　　新61期
▶所属弁護士会　　東京弁護士会
▶事務所名　　　　水野泰孝法律事務所
▶所在地・開業年　東京都渋谷区・2011年
▶事務所員数　　　弁護士3名　事務職員1名
▶取扱案件の割合　行政事件　　30%
　　　　　　　　　不動産事件　30%
　　　　　　　　　顧問業務　　20%
　　　　　　　　　家事事件　　10%
　　　　　　　　　その他　　　10%

1 自己紹介
国民側・業者側・行政側という立場を問わず、行政事件に取り組む

《弁護士としての自己紹介》

　東京弁護士会所属の弁護士10年目、慶應義塾大学法科大学院2期既習生です。イソ弁として2年半勤務後、独立して現在に至ります。法科大学院入学前は、足つぼマッサージ店の経営等を行っていました。

　ジャンルを問わず、また、国民側・業者側・行政側といった立場を問わず、1つの業務領域として、行政事件に取り組んでいます。行政事件の割合は、拘束時間でみて3割程度（売上げでみても同程度）です。

　法科大学院にて行政法を学び、その面白さ・甘美さに惹かれて、弁護士登録以来、行政事件に取り組んでいます。法科大学院にて行政法ゼミをもったり、行政事件に関する各種活動に携わったりもしています。

《事務所紹介》

　弁護士3名、事務職員1名の個人事務所で、いわゆるマチ弁型です。所属弁護士の1名は国の行政機関の職員をしつつ大学院で行政法の研究も行っています。もう1名は私が法科大学院にて担当していた行政法ゼミの元ゼミ生です。

　事務所の場所は、東京都渋谷区恵比寿です。この場所を選択した理由は、私が近くの中学・高校に通っていたため土地勘があったこと、何かと交通の便がよいこと、（私が独立した当時は）法律事務所が少なかったことなどで、事務所の専門分野とは関係がありません。もともと専門分野との関係で事務所の立地を選ぶという発想はありませんでした。

　行政事件を専門分野として扱っていますが、行政事件を扱うこと自体が最終的な目的であるというよりも、行政事件を「入口」にして、その他の事件の依頼につなげています。

2 行政事件に対する「想い」

　日本の行政事件の数は、あまりに少なく、全国で1年間に提起される行政事件訴訟の数は、2,000件程度（国賠を含まない数）です。事件になる行政事件はいくらでも眠っていますが、全く掘り起こされていないと認識しています。新しい分野の開拓の必要性がいわれて久しいですが、この分野にいまだに陽があたっていないのは、誠に残念ですし、それは弁護士の責任でもあります。

　私は、行政事件をあくまで1つの業務領域（仕事としての一分野）と捉えており、公益的な活動とは位置付けていません。いわゆるプロボノとして行政事件は行っていません。事務所経営の観点から、金銭的にペイすると判断すれば引き受けますし、ペイしないと思えば事件として受けません（どうしても興味を惹かれてペイしないのに受けてしまう事件がないとはいいませんが、極力自重しています）。

　言い方を換えると、仕事としてペイするか否かという目でみても、受けるべき事件（受けることができる事件）がいくらでもあるのがこの分野です。このことを知っている人は知っています。多くの弁護士にこのことに気づいてほしく、弁護士や法科大学院生に向けてさまざまなところでその趣旨の説明を繰り返しておりますが、どうもピンとこないようです。

　私は、行政事件をあくまで1つの業務領域と捉えているので、依頼者の立場は、国民側・業者側・行政側いずれであるかを問いません。国民側（訴える側）が数としては多いですが、行政側の仕事もいろいろとしています。

　1つの業務領域として目の前の行政事件を淡々とこなし、"結果として"行政事件を通して社会変革に少しでもつながればよいなとは思っています。

3 経営理念

　経営にあたっては、事件単価を下げないこと（少なくとも旧報酬基準による弁護士費用はいただくこと）を最近は特に意識しています。専門分野としてうたっている行政事件は当然のこと、他の事件も同様です。

　そのための"手段"として、クライアント目線で私（あるいは事務所）がどのようにみえるかについては、常に意識しています。

　小難しく言えばブランディングということでしょうが、要は、いかに目の前の弁護士に高いお金を支払ってでも依頼したいと思ってもらうかです。クライアントからすれば、"よりよい"弁護士に頼みたいと考えることは当然であり、"よりよい"弁護士を一生懸命に探しています。しかし、何をもって"よりよい"というかについて客観的な指標はありませんし、通常は複数の弁護士に事件を依頼してそれぞれの手腕を比較するようなこともできません。事件を受任する時点においては、クライアントにとって"その弁護士がどのようにみえるか"こそ大切であり、誤解をおそれずにいえば"実際の中身"は量る術がないという意味で二の次です（とはいえ、中身が伴わないと、どこかで業務が破綻することになるでしょう）。いかに優秀であっても、それをうまくみせないと、事件の依頼にはつながらないといえます。

　事務所経営にあたっては、このことをよく理解して意識する必要があるように思います。

　専門分野について"よくみせる"ための具体的な手法としては、例えば、その分野に関し、書籍や論文を執筆し経歴に記載する、会務活動を行いそれを紹介する、時事問題についてブログを書くなど、いくらでもあります。中身はなんでもよく、この意識をもつことこそが重要であると考えます。

4 開業から現在までの経営状況の推移

2008年12月 弁護士登録。都内法律事務所（虎ノ門法律経済事務所）勤務

2011年8月 水野泰孝法律事務所開業。当初は、事務職員もおらず、弁護士
1名のみ。十分な事前準備をして独立したわけではないが、独
立当初から忙しかった。独立後から、行政事件により注力する
ようになる

12月 事務職員1名採用（ただし、親族）

2012年～ 自由に使える時間も増えたことから、行政事件関連の弁護士会
の会務活動にもより力を入れるようになる

2014年6月 事務職員1名採用（東京弁護士会の求人サイトを利用）

2015年1月 業務が回らなくなったため、アソシエイト弁護士を採用（弁護
士合計2名）

8月 事務所移転（以前の事務所から徒歩2分程度の場所）

2016年1月 弁護士1名が新しく加わる（弁護士合計3名）。弁護士3名体
制になった時期から、以前よりも、事件の規模が相対的に大き
くなった。また、この頃から、行政側の事件依頼も増えた

5 経営戦略・手法

（1）自分の強み

　私の強みとして、日々の勉強や情報収集を惜しまないことは当
然の前提として、㋐分野を問わずに、実際に多くの行政事件（訴訟に限らな
い）を取り扱っていること、㋑国民側・業者側・行政側といった立場を問わ
ずに行政事件に取り組んでおり、それぞれの立場からの景色をみることがで
きていることの2点を挙げられると思います。

まず、(ア)ですが、行政事件というカテゴリーは、それ自体とても幅広いです。行政事件の中の特定分野に専門特化している弁護士は少なくありません。税務事件、知財事件、建築事件、入管事件等々。

　私の場合は、分野は絞らず、幅広く、実際に多くの行政事件を取り扱っています。土地区画整理、都市再開発、建築確認、税関、廃棄物関係、道路、各種許認可、住民訴訟等々、分野は限定していません。分野を限定しないことは、その都度、新たな法領域を勉強することになりますが、それこそ行政事件の醍醐味であって面白いですし、慣れてくれば特段難しい話でもありません。弁護士であれば条文を読めば大概のことはわかるはずです。わからないことは、行政の担当者に聞けば通常丁寧に教えてくれます（その説明が法的に正しいかは穿って聞く必要がありますが）。分野を問わずに幅広く行政事件を取り扱うことで、行政事件に共通する考え方がみえてきますし、他の事件の発想が別の事件に応用できるといったことも少なくありません。

　原告の立場からすると、行政事件は、訴訟に至ってしまうと見通しが途端に悪くなります（現実問題として、訴訟では容易には勝てません）。行政事件は、交渉の段階で硬軟織り交ぜて解決できればそれに越したことはなく、そのように解決してこそ代理人の腕であると思います。そのためには、行政側の論理・内部構造もよく理解しておく必要があると考えています。

　次に、(イ)ですが、私は、国民側の代理人として行政と争うことや交渉を行うことが多いのですが、ここ数年は、行政側の仕事も増えています。行政訴訟で自治体側の代理人をしたり、自治体のアドバイザーとなったり、非常勤職員として行政不服審査法の審理員業務を行ったりしています。自治体の審議会や審査会の委員にも就いており、自治体で研修講師もしています。

　どの分野もそうですが、立場ごとに、考え方・思考の傾向というものがあります。それを理解できているかどうかで、代理人としての活動の厚み・説得力が違ってきます。それぞれの立場からの景色をみている弁護士は、行政事件に取り組んでいる弁護士の中でも多くはない印象であり、その点が私の強みであると考えています。

　私が行政側から仕事を受けるとき、あるいは、行政の中で話をするときに

は、事前に、行政側とよく争っている弁護士であることは伝えていますが、少なくとも私の経験上、そのことを理由に仕事を依頼しないといった視野の狭い対応をとられたことはありません。行政の中で厳しい意見を述べることも少なくありませんが、それが的を射て現実的なものであれば、行政も話を聞いてくれますし、議論を通して信頼関係がより強固になることもあります。

10年程度とまだまだ経験の浅い弁護士ですが、幅広く行政事件に取り組んでいるという経験と、それぞれの立場からの景色をみているという視野・バランス感覚が、自分の強みであると考えています。

（2）営業戦略

営業戦略として、特に次の5つを意識しています。

第1は、行政事件を「入口戦略」に位置付け、行政事件をきっかけにして、顧問や他の事件の依頼につなげることです。

許認可を要する業態をはじめ、多くの会社は、行政と何かしらの接触をもっており、あるいは、行政との間に悩みを抱えています。私は、この局面での法律相談・法的アドバイスを端緒にして、会社との関係性を築き、顧問や他の事件の依頼につなげてもらうことを意識しています。つまるところ、行政事件の相談それ自体を、営業上のツールとして使っています。

例えば、建築をめぐる問題を抱える不動産会社、監査への対応に悩む社会福祉法人、税関の対応に苦慮する輸入業者等々、行政事件の相談から顧問や事件依頼につながったケースは、実際に多くあります。

専門分野を「入口戦略」として他の依頼につなげるという発想は、応用してもらえるのではないでしょうか。勘のよい弁護士は、このことを意識して営業を行っているはずです。残業代問題、インターネット上の誹謗中傷問題、クレーマー対策、秘密保持契約や各種規約のつくり込みといった、各会社が共通して抱える問題を「横ぐし」として設定するのです。専門特化した分野であるからといって、それを「出口」にする必要はありません。

第2は、弁護士との関係性の構築を重視していることです。

170

私の行政事件受任の主たるルートは、他の弁護士からの紹介です。行政事件に取り組んでいる弁護士が少ない現状において、行政事件が来たらあいつに相談しよう、あるいは、あいつと一緒にやろうと思ってもらえれば、声を掛けてもらえます。

　私の存在を知ってもらう程度に、あるいは、忘れられない程度に、弁護士会やら派閥やらの各種活動に参加するようにしています。

　第3は、行政事件に限った話ではありませんが、「見積書」の作成に力を入れていることです。特にここ1、2年意識していることですが、これにより、受任率、事件単価などが、各段に上がりました。

　「見積書」には、弁護士費用の算定根拠は当然のこと、事件の見立てや、想定されるスケジュールや争点などを、できる限りきめ細やかに具体的に書くようにしています。手間はかかりますが、このひと手間は、かける価値があると考えています。

　第4は、逆説的ですが、行政事件を専門としてあまり押し出さないことです。

　私は、事務所HPを自分で制作しており、以前は行政事件を前面に出していましたが、それをすると、行政事件の相談ばかりになってしまい、仕事が回らなくなってしまいます。行政事件を前面に押し出すと、それ以外の事件の相談が来づらくなってしまうという側面もあります。これまで述べてきたように、私は行政事件を受けることそれ自体を目的とはしていませんので、このあたりのさじ加減は悩ましいです。行政事件のように、専門特化している弁護士が少ない分野は、それほどアピールをしなくても、どこかで見つけてたどり着いてくるので、最近は行政事件はあまり押し出さないようにしています。

　第5は、断るときにははっきりと断ることです。

　行政事件の分野は、法的にみて、箸にも棒にも掛からないという相談も少なくありません。それを無理に受けてしまうと、依頼者の負担にもなりますし、弁護士もパンクしてしまいます。この断るラインをしっかりと自分の中で構築し、理由をつけてはっきりと伝えることは、専門分野としてその分野

に取り組む弁護士の責務であると考えています。相談者から話を聞いて即座に事件の筋を見極められないようでは、専門分野としてうたう資格はないと思います。

（3）ターゲットとする地域・客層

ターゲットとする地域は問いません。私は、地方出張が大好きなので、日当・交通費をいただけるようであれば、地方の案件を積極的に受任しています。

ターゲットとする客層について特に限定はしていませんが、行政事件は通常の事件の何倍も手間がかかることは確かであり、また、結果が出ないことも多いので、安請け合いはしないようにしています。着手金についても、通常、ある程度まとまった金額を最低金額として設定しています。

（4）組織・コストの考え方

1つの理想的な事務所のあり方として、1人のボス弁が仕事をとってきて、その監督の下、2名から3名のイソ弁が業務をこなすという形が、最も利益効率がよく、当面はこの形を目指したいと考えています。

将来的に事務所を共同経営するとしても、経費分担のための共同経営は全く考えていません。それぞれが専門分野をもち、各専門分野が相乗効果をもたらす形であってはじめて、私の中で共同経営が選択肢として挙がってきます。

コストの考え方としては、私は、専門分野を売り出すにあたって意識的にお金をかけないようにしています。行政事件の分野は、取り組んでいる弁護士が多くないため、リスティング広告をかけなくても仕事は来ますし、逆にリスティング広告をかけないと仕事が来ないようになれば、それはそれでこの分野が活性化してよくなったということなので、その際には次の新しい分野を探そうと思います。

6 今後について

（1）経営者としての目標

　　　最大で10名ほどを想定しつつ、もう少しだけ事務所の規模感を出したいとも考えています。私が取り組む行政事件と相乗効果のある分野を専門とする弁護士に経営に参画してもらい、リーガルサービスに付加価値をつけたいです。具体的には、金融分野、建築分野などをイメージしており、そのための画策をしているところです。

（2）弁護士としての目標

　具体的な目標は特段思い浮かびません。

　引き続き、ジャンルは問わず、国民側・業者側・行政側といった立場も問わないという現在のスタイル・スタンスを維持しながら、在野法曹として行政事件に取り組んでいきたいと考えています。

12

法と福祉の実践的協働による
イノベーション

安井 飛鳥

Asuka Yasui

業務の中心分野	福祉的援助を必要とする方への総合相談（子ども・若者を中心に障がい者、高齢者、生活困窮者等） 福祉機関との協働業務

PROFILE

▶修習期　　　　　新64期
▶所属弁護士会　　千葉県弁護士会
▶事務所名　　　　法律事務所くらふと（弁護士法人ソーシャルワーカーズ千葉支所）
▶所在地・開業年　千葉県千葉市・2015年
▶事務所員数　　　弁護士3名　司法書士兼社会福祉士1名
▶取扱案件の割合　家事事件　40%
　　　　　　　　　（離婚・面会交流・親権・虐待・後見等）
　　　　　　　　　刑事事件　20%
　　　　　　　　　（成人・少年・触法障がい者・医療観察等）
　　　　　　　　　民事事件　10%
　　　　　　　　　（債務整理・建物明渡し等）
　　　　　　　　　その他　　30%
　　　　　　　　　（法律以外の生活相談等）
　　　　　　　　　※上記の他、週2〜3日の頻度で児童相談所に勤務。

自己紹介

本業 "福祉職"　副業 "弁護士"

《弁護士としての自己紹介》

　私は、弁護士になる以前は「学童保育」という児童福祉の現場で福祉職として働いていました。そして福祉職としての経験を重ねる中で子どもや家族、あるいはそうした福祉の現場で働く職員を支援するための取組みをしていきたいという想いを抱くようになり弁護士になりました。

　現在は、弁護士の他に社会福祉士、精神保健福祉士の資格も取得して、子ども・若者、障がい者、高齢者、生活困窮者といった福祉の援助が必要とされる方々の案件を専門に取り扱っています。扱う事件種類自体は刑事事件、債務整理、家事事件等の一般的なマチ弁業務と同様ですが、クライアントは何かしらの福祉的な支援を必要としていて、福祉制度の案内をしたり、場合によっては手続きに同行したり、福祉職の支援会議に同席したりするといった福祉職的な立ち回りを求められる案件が多いのが特徴です。案件の性質上、法律とは関係ない純粋に福祉的な内容の相談依頼を受けることもあります。

　福祉機関の方々と一緒に仕事をする機会も多く、現場職員向けの研修やスーパーバイザーとしての相談業務を引き受けたり、保育や障がい者施設等の福祉事業を運営している自治体やNPO、ソーシャルベンチャー系企業の経営相談やスタートアップ支援等を行ったりもしています。

　福祉領域の中でも特に中心的に取り組んでいるのが子ども・若者に関する領域です。「どんな困難な状況にある子ども・若者の相談でもまずは全て漏らさず受け止める」という想いから保育園や学童保育に通う子どもの親御さんの子育て相談から、児童養護施設出身者、不登校・引きこもり、精神科病院患者、少年院出院者やJKリフレで働く女性、地下アイドル等の相談と幅広く対応しています。なかでも児童虐待や児童養護施設出身者に関する相談業務については弁護士登録以降特に注力していて、県内外の児童相談所や児

童養護施設と連携したり、最近では児童養護施設等を退所した若者のアフターケア相談機関の相談員として一緒に仕事をしたりしています。また一昨年からは県内の児童相談所の非常勤嘱託弁護士として働くようになり、週2〜3日の頻度で児童相談所の法務担当専門官としてインハウスロイヤーとしても働いています。

　子どもや若者たちと具体的にどのような関わり方をしているかというと、例えば学童保育や児童養護施設の小学生と公園で全力で駆け回って鬼ごっこをしたり、不登校の中学生と一緒にカードゲームをして遊んだり、親との関係があまりよくない高校生と一緒にカレーをつくって食事をしたり、JKリフレで働く女性とお茶をしながらひたすら愚痴を聞いたり、少年院から出院した少年と一緒にハローワークを回ったりとおおよそ弁護士らしくない働き方をしています。子どもは自分自身が何に困っているのかをうまく自覚、言語化できていないことが多いです。また、虐待等の困難にさらされている子どもほど、大人に対する警戒心が強くなかなか本音を打ち明けてはくれません。困ったことがあったら相談に乗ると構えているだけではつながることができないのです。そのため、私は何か困ったことがあるときにだけ関わるのではなく、日頃から何気ない生活場面をともに過ごして、生活状況を理解していく中で徐々に信頼関係を構築していき、何かあったときに悩みをぽろっと打ち明けてもらえるような関係性づくりを大事にしています。こうした関わり方は子どもや若者に限らず私がクライアントと接するうえでの基本姿勢としています。

《事務所紹介》

　事務所名の『くらふと』には「craft」の「手工芸」「技巧」といった意味合いにかけて、ミクロには「依頼を受けた案件について職人として1つ1つ丁寧に手づくりで仕事をしていく」、マクロには「『社会福祉』を1つのテーマとして社会課題を解消していき世の中をよりよい形につくり上げていくプラットフォームにしていきたい」という事務所理念をこめています（実はこれは表向きな説明であり、裏の由来は私の父のペンネームにあります。父は

昔「クラフト団」というペンネームでガンダム等の漫画やデザインに関する創作活動をしていました。父の作品は今でもエンターテインメントとして子どもにも大人にも語り継がれています。私も父のようにそんな後世の代まで受け継がれていく価値あるものをつくり上げていきたいという想いから、クリエイティブさが感じられる『くらふと』の名を拝借しました）。

　事務所の内装は「福祉」の考えを反映させて家具やレイアウトの隅々まで徹底してこだわっています。一般的な弁護士事務所の立派で格式張った雰囲気は、弁護士を頼れる存在として引き立てる一方で相談者を委縮させ不安にさせる要素も含んでいます。こうした事務所像は私がターゲットとしているクライアント層とは相性が悪く、私自身のキャラクターともあわないだろうと思いました。そこで私は、あえて他の事務所との差別化を図るためにも法律事務所らしい要素をできる限り取り除いていくという選択をしました。相談者にまず安心安全を感じてもらえるようにカフェのような温かい雰囲気を演出して相談者に「相談」という重々しい雰囲気をあえて意識させないようにしています。私の事務所を訪れる方は皆さん、法律事務所とは思えない内装に初めは驚かれますが、次第に居心地のよさを感じていただけているようです。あまりに癒される雰囲気から、他の法律事務所の弁護士がふらっと癒されにやってくることもあります。

　遊び心も大事にしていて、ゲーム機やアニメキャラクターの人形等を飾ることで子ども向けの親しみやすさ、くつろぎやすさを強調しています（後者に関しては私の趣味という面もありますが）。小さいお子さん連れの方や10代後半の若者が1人で相談に来られることが多いので、こうした遊び要素が子どもや若者の心をつかみとても喜ばれます。

　設立当初はキッチンを設けてコミュニティカフェ機能をもたせた事務所構想もありましたが、さすがにスペースや設備費等の関係で見送りました。ですが、机類は全て可動式にし、レイアウトを自由に変えてコミュニティスペース的な使い方もできるようにしてあるので、弁護士に限らずさまざまな業種の人々を招き交流する場として、勉強会や飲み会、ゲーム大会を開いたりもしています。

12 Asuka Yasui

2 弁護士としての「想い」・理念

　　　前述のとおり、私は福祉職の経験を生かした弁護士として仕事をしていきたいという想いを抱いていました。しかし、実際に弁護士として働いてみると、法廷闘争やトラブルの事後処理を中心とする一般的な弁護士の働き方と、自分が目指したい働き方との間にズレを感じ、私が本当に目指したいのは「ソーシャルワーカー」と呼ばれる福祉職の働き方ではないかと思うようになりました。また、弁護士業界と福祉業界は一見隣り合わせのようで価値観や文化に大きな隔たりがあり、司法の領域にとどまっているだけではこの溝は埋まらないように思いました。そうした経緯から私はあらためて社会福祉士、精神保健福祉士の資格取得のための勉強をして「福祉職」としての専門性を磨いていくようになりました。現在では「弁護士」としてのこだわりは薄くなり、「福祉職」として働く中で必要に応じて「弁護士」としての強みを生かすという程度の位置付けで仕事をしています。

　弁護士と福祉の専門職資格を有しているのだから福祉分野では最強ではないかとよく言われるのですが、実際には半分弁護士、半分福祉職という器用貧乏な状態に過ぎません。また、この２つの資格はアイデンティティとしても相反する部分があるため、業務上はむしろマイナスシナジーが生じて迷う場面が増えました（もっとも福祉の領域で仕事をしていくうえでこの「迷い」を感じられるようになったことがとても意義あることだと考えています）。なので、私は福祉の領域で仕事をする際には自分が中途半端な存在であり、万能な存在ではないということを念頭に置いたうえで、その案件において弁護士として関わるのか社会福祉士や精神保健福祉士として関わるのか意識して使い分けるようにしています。

　その一方で、こうした器用貧乏な状態の弁護士だからこそできる役割として、法律と福祉の橋渡し役としてイノベーションを引き起こすことで「福祉」を補完し、その機能を促進させることができると思っています。「福祉」という概念自体は「Welfare」という本来広い意味をもつものなのですが、日本ではどうしても児童や障がい者、高齢者、貧困などの「福祉制度」とい

178

う狭い意味合いの中で捉えられています。福祉の領域ではこうした制度ごとの縛りや縦割りの弊害として、本来福祉的援助が必要とされるにもかかわらず制度にはうまくはまらなかったり、社会の変化に制度が追随できていないために必要な援助を受けることができず権利擁護が蔑ろにされるグレーゾーンが生じがちです。熱心な福祉の支援者はこうしたグレーゾーンの中でもインフォーマルな取組みを行い支援をしていきますが、責任の所在や適法性の担保も曖昧なため公的後ろ盾がなく、常に違法のリスクと隣り合わせとなり負担がとても大きいです。こうしたグレーゾーンの中で弁護士が法的枠組みを示しながら助言、協働していくことで支援者をバックアップして「福祉」を促進させていくことができると考えています。

3 経営理念

① 大事にしていること

　　私の事務所では「健康」「自由」「楽しさ」を大事にしていて、事務所メンバー間でも常に共有して確認するようにしています。

　どんなに意義深い仕事をしていても、どんなに巨額の富を得られていたとしても、自分自身の健康を害してしまうようでは元も子もないでしょう。しかしながら、弁護士が健康を害してしまう例は少なくありません。健康が害され精神の余裕が削がれるほど視野が狭くなり悪循環に陥るリスクが高まります。そのような状態では個々の案件処理の質も安定しないでしょうし、新しい分野に挑戦してみようという意欲もなくなってしまいます。そのため、事務所では、まず所員の精神や肉体の「健康」が守られる職場環境の構築に努め、ライフワークバランスに気を配っています。

　また、新しい分野に挑戦をしてみたいという意欲があっても、そうした意欲が遮られてしまうような職場環境では駄目で、ストレスとなる仕事を極力減らすとともに、いざやりたいと思った仕事に注力できるようにしていく必要があります。そのためにも日頃から「自由」に働ける環境を保障していく

ことが大事だと考えます。もちろん、ロマンとそろばんの関係にも注意しないといけません。理想ばかりを追いすぎて経営がおざなりになってはいけないです。一方で利益重視に偏りすぎて事件処理の質を落としたり、定型的な業務処理に慢心したりして理想を見失うようなことがあってもいけないでしょう。このバランスを維持した柔軟な経営を実現するためにも「自由」が保たれている必要があります。

そして、何より仕事をしていて「楽しさ」を感じられるかが大事だと考えます。人のトラブルを取り扱う仕事をしておきながら「楽しさ」というと語弊があるかもしれません。ですが、そうした仕事を扱うからこそ、楽しむだけの余裕があるかどうかが仕事の質を左右しますし、柔軟な経営にもつながっていくものだと思います。

②　どのように経営戦略を立てたか？

弁護士なりたての頃に福祉領域を専門としていきたいという構想を話すと先輩弁護士からは「福祉領域だけで食べていくことはできない」「普通の案件をこなしてその余力の中で取り組むしかない」と散々言われました。しかし、私は本当に福祉領域だけで食べていくことができないのか、余力の中で取り組むしかないのかと疑問に思い、他の弁護士が実現不可能と思っているからこそ、あえて福祉領域を専門にしたビジネスモデルに挑みたいと思うようになりました。

私は、まずあらためて福祉の現場でどのようなニーズがあるのかを知ることに専念しました。その際に意識したのは「弁護士の仕事」という括りをいったん完全に捨て去り、虚心坦懐に現場にどのような課題やニーズがあるのか興味関心を寄せることです。福祉分野に興味をもつ弁護士自体は相当数いるのですが、どうしても訴訟案件等の既存の弁護士の仕事がないかという短絡的な視点で関わろうとしがちです。ですが、そうした自分たちの枠にとらわれた考えでは福祉の現場の方々に対して失礼ですし、現場の方々もそうした事件漁り目的でやってくる弁護士を警戒します。福祉の領域に限らず異なる職種や文化の領域に関わろうとする場合にはまず、弁護士として何かし

てやろうといった我執を捨ててその現場へ敬意を払う必要があるでしょう。

　こうしてニーズを探っていくと、福祉の領域では思っていた以上に弁護士と関わりのない領域がまだまだたくさん存在していることがわかりました。世間的にはかなりメジャーとされる領域でも弁護士との関わりがほとんどなかったり、弁護士と関わりがある場合でもそれは畑違いの弁護士とたまたま知り合いであるという程度の関わりに過ぎず、当該分野の事情に精通した弁護士との関わりは皆無という状態でした。

　そして、そのような現場にはリーガルニーズがないのかというとそんなことはなく、基礎的な法律問題から業界特有の法律問題、さらには国や自治体レベルでの立法提言や行政交渉といったルールメイキングのニーズなど、未開拓の多種多様なリーガルニーズがあることがわかりました。それにもかかわらずリーガルアクセスがこれまで遮られていた要因としては、当事者本人も現場の福祉職そもそも法的に解決可能、対応が必要な問題だと気づいていない、あるいは抱えている福祉的課題の複雑さゆえに弁護士へ相談すること自体が困難でリーガルアクセスの機会自体が閉ざされてしまっている方が多いことがわかりました。弁護士の増員、インターネット技術等の普及によりリーガルアクセスの問題はほぼ解決したと思われがちですが、地域社会の中には、いまだにさまざまな困難要因によりリーガルアクセスの機会が閉ざされてしまっている方々が多数存在しているのです。また、こうした方々の特徴として、法律問題だけではなく生活上の困難が複雑に関係していることが挙げられます。そのため法的処理だけをしても不十分かあるいは根本的な問題解決にはならず、法的処理と日々の生活支援をセットにした関わりが必要ということがわかりました。

　そこで私は、法律問題だけでなく福祉的な相談も主体的に扱うことができるようにする必要があると考えました。というのも福祉職をはじめ非法律職の人にはそれが法律問題であるかどうかを判断することがそもそも困難であり、法律問題であるかどうかの初期判断を非法律職に委ねること自体が現場におけるリーガルニーズを見落とす可能性を高めていると思ったからです。また、それが法律問題なのか福祉の問題なのかというのは視点や評価の違い

12　Asuka Yasui　　181

に過ぎず、クライアントの最善の利益を追求するうえでは関係ないとも思いました。当然、法律以外についても扱う以上は門外漢というわけにはいかないので、社会福祉士等の専門資格取得を含め福祉の知識や技術・経験のアップデートをしていくようになりました。当然、私1人でなんでもできるわけではないので積極的に現場の福祉職の方々にも教えを請い、現場の福祉職の方々と協働するなかで最善の解決方法を一緒に考えて、サービスを形にしていきました。福祉の生活課題は法律問題以上に多種多様であり、それに対応した支援も一様には決まらないため、案件ごとに試行錯誤しながらオーダーメイドでつくり上げていくことになります。その作業は大変ではありますが案件ごとに新たな出会いと発見の連続であり、相談者の抱える多様な問題に応じて、こちらの知見も広がっていき、気がつけばさまざまな分野について理解のあるジェネラリストとしての素養も培われていきました。

　こうした領域での仕事は、当時にしてみれば他の弁護士があまり行っていないというかむしろ行いたがらないものであったため、そういう意味ではブルーオーシャンな領域であり、他者との競合や広告営業等を考える必要もなくのびのびとした経営戦略を模索することができました。こうした試行錯誤を繰り返す中で私の働き方や専門性も洗練されていき、また知り合った関係機関からの紹介が立て続くようになり自然と安定した経営基盤ができあがっていきました。

開業から現在までの経営状況の推移

2003年 8月　学童保育指導員勤務
2010年10月　学童保育指導員退職
2011年11月　司法修習開始
　　　 12月　弁護士登録

※登録直後から、関心ある福祉機関を中心に訪問、見学などを
　　　　　　続ける

2014年4月　社会福祉士資格取得を決意

　　　　　　社会福祉士養成校へ入学

　　　9月　独立開業決定

　　　　　　※この頃にはさまざまな福祉機関からの紹介で定期的に相談や
　　　　　　依頼が入るようになる

2015年3月　事務所物件契約

　　　4月　地域生活支援センター嘱託職員勤務開始

　　　8月　開業

　　　10月　予想を大幅に上回る量の相談依頼が殺到

　　　12月　所員弁護士臨時採用（現在は退職）

2016年4月　社会福祉士資格取得

　　　　　　精神保健福祉士養成校へ入学

　　　8月　事務所の組織化方針決定

　　　10月　事務スタッフ（兼社会福祉士）採用

　　　　　　児童相談所非常勤勤務開始

　　　12月　所員弁護士採用

2017年4月　精神保健福祉士資格取得

　　　8月　所員弁護士採用

2018年4月　弁護士法人化

5 経営戦略・手法

（1）業務の強み（専門分野）

　私の業務の強みの1つ目は私自身が「福祉職」であり、社会福祉士、精神保健福祉士等の福祉専門職の知見を生かして福祉の視点や事情に配慮した形での具体的助言や事件処理ができることです。

一昔前は福祉領域に携わる弁護士は数えるほどしかいませんでしたが、最近では福祉領域に興味をもつ弁護士もかなり増えてきたという印象です。社会福祉士や精神保健福祉士といった福祉職の資格をあわせもつ弁護士も徐々に増え始めています。福祉分野に取り組む弁護士が増えて、福祉と司法の連携が深まることは大変喜ばしいことですが、経営的な観点からすると、ただ弁護士が福祉分野を扱っている、専門資格を有しているというだけではもはや専門性としては弱く、差別化のためにもう一段専門性を深めていく必要があるといえます。そこで私が選択をしたのが福祉に強い弁護士ではなく「福祉職」そのものになることでした。

　弁護士が福祉の領域に関わるときに、弁護士はついつい日頃の自分たちの仕事感覚、法的価値観を前面に出して関わりがちです。弁護士業界の中にいると気がつきにくいですが、外の業界から見るとこうした弁護士の態度は、当人にはそのつもりがなかったとしても権威的かつ高圧的な存在という印象をもたれがちです。福祉職の中には過去の弁護士とのつきあいの中で弁護士の強引な態度に苦い思いをして苦手意識をもっている方が少なくありません。こうした弁護士への苦手意識から弁護士には相談しづらい、できれば相談したくないという想いを抱いていることもリーガルアクセスを遠ざける要因にもなっています。

　そこで私はいったん弁護士という重い殻を脱ぎ捨て、同じ福祉職として福祉機関の業務の中に飛び込み交わり協働して仕事をしていくことを心がけました。普段、弁護士が立ち会わないような場面でも同席を希望し一緒に仕事をさせてもらいました。実際に福祉の現場で働いていた経験も手伝い、現場の福祉職の方々には幸いにも違和感なく受け入れていただけました。そして、私自身が福祉職として福祉の相談や業務にも対応できることから、福祉職の方も現場で疑問が生じた際に、これは弁護士に相談をしてよい内容かどうか判断に迷うことなく気軽に相談をしてもらえるようになりました。この結果、従来よりも早期の段階でのリーガルアドバイスを提供できるようになったことから、福祉の現場においても不慣れな法律問題への対応で労力を割かれることが減り、後の法的トラブルを未然に予防する動きができるよう

になり、全体の業務効率や質の改善にもつながる効果をわかりやすく実感してもらうことができました。こうした働き方は企業におけるインハウスロイヤーの働き方に近いといえるでしょう。福祉の現場の中に入り込むことで福祉の現場の外から関わる弁護士とは差別化した働き方をすることができるようになりました。

　現在、私は児童相談所のインハウスロイヤーとしても働いていますが、児童相談所に外部の立場から関わっていた頃には見えてこなかったような気づきの機会がとても多く、弁護士が福祉職として働くことの意義をより実感しています。

　私の業務のもう１つの強みはジェネラリスト＝「何でも屋」であることです。子ども・若者、障がい者、高齢者といった各福祉分野を専門とされている弁護士自体は珍しくなく、個々の分野においては私など足元にも及ばないくらい当該分野に精通し先駆的取組みをされている弁護士がたくさんいます。

　一方で、こうした分野ごとの専門化は縦割りの弊害を生じさせる要因にもなっています（例えば子どもの分野には詳しいが障がいの分野はあまり詳しくないといった状態が生じます。その結果、障がいをもった子どもの案件において視点の偏りやミスマッチ等が生じがちです）。

　前述したとおり、弁護士業界だけでなく福祉業界でも同様の事態が生じていて、前述した「福祉制度」の「グレーゾーン」問題を引き起こしています。特に福祉の現場では複合的な領域に交わる問題を抱えたケース、あるいはいずれの制度にもあてはまらないような狭間のニーズのケースの対応に苦慮することが多いため、こうしたグレーゾーンに対応していける知見を有しているということは福祉領域においてはとても重宝されます。

　私は子どもや若者の領域に注力していきたいと考えていましたが、こうしたグレーゾーンの問題は常に感じていました。こと子どもや若者の領域では他の福祉領域以上にグレーゾーンが生じやすい傾向にあるため、グレーゾーンに対応してよりよい支援の視点や選択肢の多様性を確保するためにも日頃から子どもや若者に領域をあえて絞らず、障がい者や高齢者、貧困といった

他の福祉領域、さらには不登校や精神疾患などの隣接領域や性風俗、芸能、暴力団といった異領域にまで幅広く関わり理解を深めるようにしています。このようにして、私は同じ子ども・若者の領域に関わる弁護士の中でもこうしたジェネラリスト＝「何でも屋」としての専門性を高めることが強みとなり差別化を実現しています。

（2）ターゲットとする地域・客層

　基本的には千葉県での業務に主軸を置いて仕事をしています。というのも福祉的関わりが求められる案件では、いかにして地域の社会資源を生かして支援者との密な連絡調整をしていくかが重要となるため、ある程度地域の支援者ともフェイストゥフェイスの関係にある必要があるからです。また、法律上は同じ分類の機関であっても、自治体ごとのローカルルールや所属する職員の個性により手続きの流れや対応可能なサービス、得意分野等が異なってくるため、機関ごとの細かな実情についてもある程度把握している必要もあります。場合によっては自分自身がその地域の中で新たな社会資源を開拓、創出していくような立ち回りも求められます。こうした理由から日頃培っているネットワークを生かすことができる千葉県での業務を主軸に置いています。後述のようにこれは営業・顧客維持の観点からも親和性があります。

　もっとも最近では私の取組み自体が業界内でも注目されるようになったのか、講演等の機会が増え、そこでできたつながりから東京や神奈川、埼玉等の隣県や関東外からの相談も増え始めています。あまりに地域が離れすぎてしまっている案件については当該地域の信頼できる支援者につなげるようにしていますが、県域をまたいだ支援が求められる案件も少なくないので、私自身の支援の幅を広げるためにもある程度対応できる地域を広げていく必要性を感じています。

（3）営業・顧客維持の方法

　私がリーチしたいと考えている子ども・若者、障がい者等の福祉的援助を

必要とする方々は自身の福祉的課題を自覚できていない、あるいはそうした課題を解決するために支援者にアクセスする能力や環境自体が制限されている傾向にあり、広告営業には馴染みにくいです。そのため、私は、そうした方々との接触頻度が多い福祉等の関係機関からの紹介に絞った形で仕事をしています。

　関係機関から紹介が得られるようにするために、日頃から事件に関係なく関係機関に足を運んでフェイストゥフェイスの関係を維持することを大切にしています。そうした関わりの中で福祉職からの悩み相談にフラットに応じることもあれば、反対にこちらからも悩んでいる案件についてフラットに相談をすることもあります。あまり営業という感覚はなく、頼り頼られる仲間を増やしていくというイメージです。また、個々の案件に丁寧に関わるほどさまざまな関係機関と知り合う機会が増えていき、評判も広まっていきます。結果的にやればやるほどネットワークが広がっていき、私自身の支援の視点や幅が広がるとともに、案件の紹介や研修会の講師や顧問契約のお話をいただく機会も増えていきます。こうした日々の積み重ねにより、現在では毎月地域の関係機関からの紹介で相談、依頼が立て続いている状態にあり、安定経営につながっています。

　もっとも、こうした関係機関から相談を受ける案件は容易な案件ばかりではなく、既存の機関が八方手を尽くしてどうにもならない状況で行き詰っている中で、最後の砦として相談につながるようなこともあります。当然、私でもどうにもならない相談もあります。そのようなときでも、頭ごなしに相談を断るのではなく本人や関係機関の方と一緒に頭を悩ませて何かできることはないか考える過程を大事にしています。また、紹介を受けた案件をきちんとこなしていけるようにするためにも、研修や勉強会等の機会にも積極的に参加して日々研さんを怠らないようにしています。

　このようにして当初は関係機関からの紹介を主な仕事獲得のルートとして想定していたのですが、最近では講演等の評判を聞きつけた一般の方や同業者の方からの紹介で飛び込み相談が入ることも増え始めています。こうして寄せられる相談の中には、離婚事件や刑事事件等で有名な大手事務所と比較

したうえであえて私の福祉の専門性に着目して依頼を希望されてくる方もいます。福祉の専門性を突き詰めていくことで、意図せずレッドオーシャンとされる領域の中でも依頼を得られるようになっていきました。

　なお、広告営業は上記のとおりあまり考えていないのですが、趣味としてFacebookやTwitterをしていて実名・顔写真付きのアカウントで頻繁に投稿しています。真面目な投稿からお馬鹿な投稿、趣味のアニメ関係の投稿まで気の向くまま赤裸々に発信しています。意外にもこうした投稿が、法律分野、福祉分野問わずいろいろな分野の方とつながるきっかけになり、結果的に仕事につながることもあります。また、SNS世代の子どもや若者とのコミュニケーションの手段としても重要であり、Twitter経由で相談を受けることもあります。子ども・若者向けにはSNSをフル活用して積極的に相談窓口を開いていきたい想いもあるのですが、現状のキャパシティではとても対応しきれないので、オープンに相談を受け付けるようなことは見合わせて、個別に寄せられた相談にのみ対応するようにしています。

（4）組織、コストの考え方

① コストの考え方

　福祉の領域ではあまり売上げが立たないのではないかとよく言われます。誤解されがちではありますが福祉的なニーズのある方全てが貧困層というわけではなく、一般的な水準の弁護士費用を支払うことができる方もたくさんいます。比較的高所得層の方であっても子どもの障がいや精神的な病等で悩みを抱えていて福祉的なニーズがある方も珍しくありません。もっとも、それでも福祉機関から紹介を受ける方には低所得層の方や現に生活保護を受給しているような方が多いのも事実です。民事法律扶助制度等を利用する他ないこともあり、基本的に1つの案件で得られる売上げは低く見積もらざるを得ないでしょう。そこで、私は逆転の発想で民事法律扶助案件や国選案件数件分の売上げでも事務所を維持できるようなミニマムコスト経営をまず目指しました。

　事務所の物件は福祉関係者の紹介で一般には出回っていない訳あり物件を

驚くほど安い賃料で借りることができました。物件はスケルトン状態からの契約でしたが、前述のとおり法律事務所感を消し去るためにもパーテーションの類を一切設けず、家庭向けの中古家具を用いることで初期コストを抑えました。通常の事務所であれば安っぽく感じさせてしまうところを福祉をコンセプトにして開き直ることで逆に強みにしています。それでも開業時点ではあれこれ必要ではないかと考えが先走り余計な初期コストをかけてしまったと思います。弁護士事務所に必要とされている物品が本当に必要かどうかは自身の業務スタイルと照らし合わせて1つ1つ吟味してみる必要があるでしょう。

　プリンタ類はリースではなく家庭用を購入し、フルタイムで事務員を雇わない、インターネットFAXやIP電話を活用するといった工夫を重ねるとともに、紹介営業に絞ることで広告宣伝費も不要となり毎月の固定費を10万円以下に抑えることができました。

　この結果、国選や民事法律扶助水準の案件を1、2件こなすだけで当月の最低限の経費を賄える経営状態が実現しました。実際には、通常の報酬水準での依頼を受けることもありますし、加えて児童相談所での定期収入、顧問先や後見事件の報酬が入るため、その月の新規売上げが全く立たなくても食べていける状態を維持することができています。

　月々の売上げを気にしなくてよくなったことによる精神衛生上の効果は大きく、受任数や売上単価を気にせず1つ1つの案件にたっぷりと注力することができ、新しい領域への取組みを模索する余力も生むことができました。

②　組織の考え方

　上記のような見通しの中で事務所を開設して開業当初の経営状態は好調でした。しかし、しばらくすると予想外の事態が生じました。想定していた以上に関係機関からの紹介や飛び込みの相談依頼が寄せられるようになり、対応に追われるようになりました。また、1人でのびのび仕事ができる環境は気楽だと思っていたのですが、1人で突出した業務を行うということは誰も私の業務について批評する人間がいないということであり、その状態はいず

れ業務内容の独善化を招くのではないかと思うようになりました。

　これだけニーズがある分野を私1人で細々と取り扱っているのはもったいないことだし、持続的かつ質の安定したサービス提供をしていくためにも担い手を増やし事務所を拡大させていく必要があると痛感しました。そこで、事務所を組織化して拡大させることに経営方針を転換しました。現在は、私の他に弁護士2名、司法書士兼社会福祉士1名をメンバーとして迎え入れるまで成長しました。新しくメンバーを迎え入れるにあたり、いくつか事務所インフラを整備し直したためコストは上昇しましたが、それでも一般的な事務所と比べれば低水準にとどまっています。

　現在の事務所の経営システムは基本的には共同経営型事務所ですが、共同経営型事務所のデメリットを補うために、いくつかの工夫を施しています。個々の弁護士は独立採算を前提としていますが、私が事務所の所長として、事務所経営的な部分やインフラ、システム面の整備等の事務的部分は全面的に引き受けてバックアップしています。他の弁護士には代わりに売上げの1割を経費として納めてもらい、あとは面倒な事務所経営要素を気にせず個々人のやりたいことに専念してもらっています。他の弁護士を拘束することは極力避け事務所の理念でもある「自由」を最大限保障するよう心がけています。他の事務所の弁護士からは千葉県弁護士会で最も自由な事務所であるという謎の評価をいただいています。

　所属する他の弁護士に私の業務分野の後追いをしてもらうようなこともあまり考えておらず、それよりは各人が心の底からやりたいと思うことに専念できるようにすることを大事にしています。私がやりたいことをやらせてしまっては結局、その弁護士が本当にやりたいことをやる機会を奪ってしまうのではないかという懸念があるからです。また、私が得意でない領域、あるいは私では到底思いつかないような領域にあえて取り組んでもらった方が、その弁護士独自のブランディングにも資するでしょうし、私自身も新たな視点や刺激を得ることになり結果的には事務所全体としての専門性や多様性の向上にもつながると考えています。事務所の入所条件としては、事務所の基本理念にさえ賛同してもらえれば来るもの拒まず去るもの追わずという考え

ではありますが、なにぶん変わり種の事務所なので、強いて言うとすれば、他にはない尖った取組み、面白い取組みをしてみたいという野心をもっていることです。現在事務所に所属している他のメンバーは私に負けず劣らず面白い人ばかりです。

　一方で自由とはいっても完全放任というわけではなく個々の案件についてはOJTを含めたバックアップ体制を徹底しています。難しい案件を1人で抱え込んだり、いたずらに案件を抱えすぎて処理が停滞する状態をつくることは弁護過誤だけでなくメンタルヘルスの危険にもつながります。そこで、私の福祉的な視点を経営にも生かして個々の弁護士の事件処理内容について法律と福祉双方の視点からスーパーバイズやメンタルケアを心がけています。具体的には事件内容についてクラウド保存・共有して、日頃から事務所メンバー間での事件の見える化を徹底しています。事件の進捗状況等を見て気になることがあった場合には随時コメントを残すようにして気軽に相互相談ができるようにしています。さらに事務所の机はフリーアドレスを採用して個人の固定席を設けないことで毎日必ず記録を片付けることを習慣化して案件の滞留や記録の紛失を防ぐとともに、必然的に他の事務所メンバーと顔をつき合わせてコミュニケーションが生じる機会を生み出しています。この他にも事務所内での棚卸しや事件検討会等を定期的に設けるようにしています。

（5）働き方

　以上のようにして私は福祉的援助を必要としている方の案件を専門とした働き方をしているわけですが、残念ながら全ての案件においてマネタイズできているわけではなく、民事法律扶助すら使えず事実上無償で対応する案件も少なくありません。特に子ども本人からの相談・依頼の場合にはなかなか正規の弁護士費用を請求するのが難しいことが多いです（ただ、子どもとの関係は対等でありたいと考えているため、そういう場合であっても建前上は出世払い等という説明をしています。こうした方が事件後も関わり続ける口実になるため、結果的にはよい関係性を築きやすいです）。

ビジネス的には採算性の乏しい案件は全て断って利益が見込める案件に絞るのが合理的であり、そうすれば売上げを倍増させることも可能だとは思いますが、それは私の信念に反するためそうした働き方はしたくないです。これは何も社会正義だとかノブレスオブリージュの精神のような立派な理由ではありません。

　打算的なことを言えば、国選や民事法律扶助の案件であれば最低限、依頼にあぶれることはないという計算もなくはないですが、一番の理由としては、国選や民事法律扶助、あるいは事実上の無償対応が迫られるような案件を取り扱うことが単純に面白く、そこに職人としてのやりがいを感じているからです。福祉の領域で仕事をしていると自分にはないさまざまな価値観や文化的背景をもったクライアントの方々と日々接します。そうした方々に接するたびに私自身のそれまでもっていた価値観が大きく揺さぶられます。特に、子どもや若者は、大人には想像も及ばないような新しい発想を抱いていて学ばせてもらうことがとても多いです。私はこうした方々を支える一方で私自身も支えられ対人援助職として、また人間として大きく成長させてもらっていると実感しています。正直に申し上げてこうした案件を取り扱うことはとても労力を要しますし、精神的にも肉体的にもとても疲弊します。全てのクライアントに対してよい援助を提供できるわけではないですし、関係を悪くして苦い思いをした経験もいくつもあります。ですので浅はかな考えでこの領域に飛び込むことはお勧めしません。ですが、そうした苦労を補って余りあるくらいイノベーティブな価値のある領域だと思っています。また、こうした素晴らしい価値が狭い領域にとどまっていることはとても「もったいない」ことだと思い、こうした多様性がもっと社会に広がり、いつしか社会の価値観自体が大きく転換していけば世の中はもっと楽しくなるのではないか。そんなことを本気で考えながら日々働いています。

6 今後について

（1）弁護士として

　　　私自身は、すでに弁護士業からはかなり遠ざかった働き方が主となってきています。また、弁護士という肩書抜きに純粋な福祉職として評価されるような働き方をしてみたいという想いもあるので、今後ますます弁護士らしさは失われていくと思います。

　一方で、弁護士と福祉職が協働していくことには大きな可能性があると確信していますし、世の中をより面白くしていくためにも、そうした仕組みをさらに普及、発展させていくための牽引役として、弁護士資格を生かして弁護士業界、福祉業界双方においてやるべきことがあると思っています。

　弁護士の福祉領域での取組みはまだまだ属人的な個人技としての側面が強いので、もっと理論化、体系化して普及させていくような取組みも必要でしょう。また、一部の専門職だけでなくより広い職種間や非専門職との連携、協働も不可欠であり、チームアプローチとしての技法を深めていく必要も感じています。現在、児童相談所という組織で働いていることもあるので、チームアプローチ実践をいろいろと模索していきたいです。

　また、よりマクロな取組みとして福祉領域に散見されるグレーゾーンへの取組みもしていきたいです。こうしたグレーゾーン案件に接しているとさまざまな社会課題や法の不備、限界、矛盾に気づかされます。グレーゾーンの中での実践により得た知見をもとに「福祉制度」をよりよいものにしていくためのルールメイキングの提言を福祉職とともに国や自治体に対し行っていき、ひいては日本における「福祉」自体をよりよいものに「くらふと」していければと考えています。

（2）経営者として

　現状は、ほとんどブルーオーシャンといえる領域でのびのびと仕事をしているため、経営上差し迫った不安はありません。しかし、将来にわたり安泰だと思っているわけでもなく、社会の動きや業界事情の変化にも気を配りな

がら常によりよいものを目指していくための努力が必要だと思っています。

　また、私が関わる福祉領域に限っていえば、担い手が全然足りていないので、短期的には担い手を広げて普遍化させていくことを目指す必要があると思っています。まだまだ弁護士業界の中では模倣しがたい属人的なビジネスモデルですが、今後は、弁護士業界における1つのメジャー業務として認知され後進が続きたくなるようなビジネスモデルを目指していきたいです。他との差別化を意識した独自性を打ち出しつつも、他が模倣可能なものを目指すという経営的には矛盾した作業が求められて大変ですが、この領域ではこれくらいのバランスがちょうどよいのかもしれません。

　福祉で儲けるという考えについて、福祉の領域では、昔から儲けること＝悪とされる風潮があります。実際に功利主義に走り支援の質を蔑ろにしているひどい民間福祉事業者が多数存在していることも事実であり、福祉が公の責任から離れて民間ビジネス化することの危険性はよくわかります。私の取組みも一歩間違えれば貧困ビジネスと称されかねないものであり、「人の不幸で飯を食っている」という事実から目を逸らしてはいけないですし、福祉に従事する専門職の責任として長期的には福祉的援助が必要な状態を生み出している社会構造や社会課題自体を変えていくための取組みもしていかなければいけません。

　一方で福祉の現場に10年以上関わっていて思うのは、現状のままでは日本の福祉の仕事自体が続かなくなってしまうのではないかという危惧感です。福祉の現場では、その仕事量や負担に見合わない給与待遇の中で、過酷な業務にさらされて心身の健康を害してしまう方が後を絶ちません。昨今、福祉課題の複雑化によりますます現場の負担は大きくなっています。福祉の仕事で潤沢な利益が出るのはどうかと思いますが、その専門性や仕事の意義に見合っただけの待遇は保障されるべきですし、そうでなければ持続可能性が保たれません。そのためにも、日本における福祉の価値自体がもっと重要視され国家予算が割かれるようなパラダイムシフトが必要だと考えています。私の取組みはそのための挑戦でもあります。

　福祉の領域を経営の柱として扱っていくことについては批判も多いと思い

ますし、私自身が安易な功利主義に流されないようにするためにもそうした批判の声とも真摯に向き合いながら、持続可能な福祉モデルを模索していきたいと考えています。

　最後に、このような想いで事務所経営をしてきたのですが、取組みを進める中で私と同じような志をもって福祉領域で活躍する仲間の弁護士たちとアライアンス型の弁護士法人を立ち上げることになりました。法人名は福祉への敬意と決意表明として『ソーシャルワーカーズ』と名付けました。この書籍が刊行される頃には、法人としての取組みも本格化していることでしょう。

　今後は、私の事務所のメンバーだけでなく弁護士法人のメンバーとも協働して弁護士と福祉の協働モデルを具体化、実践していきたいと考えています。この法人は今後も規模を拡大していく構想ですので、これを読んで興味を抱かれた方、ともに仕事をしてみたいと考えられた方はぜひご連絡ください。

13

カルトに奪われた人生を
取り戻すお手伝いをしています

Takashi Yamaguchi

山口 貴士

| 業務の中心分野 | カルト問題、消費者問題、表現の自由、英語を使う案件 |

PROFILE

- ▶修習期　　　　54期
- ▶所属弁護士会　東京弁護士会
- ▶事務所名　　　リンク総合法律事務所
- ▶所在地・開業年　東京都千代田区・2001年
　　　　　　　　　※創業したのはボス弁です
- ▶事務所員数　　弁護士15名（実働14名）
- ▶取扱案件の割合　いわゆるカルト絡みの案件は比較的多いです

1 自己紹介

ボス弁がカルト問題に熱心に取り組んでいたことがきっかけ

《弁護士としての自己紹介》

日英バイリンガルのマチ弁です。カリフォルニア州弁護士でもあります。取扱事件は、渉外一般民事案件、名誉毀損、著作権、わいせつ等表現の自由に関する案件、消費者被害案件、カルト関連の案件が多いです。AV業界の健全化を図り「適正AV」の枠組みを運営するための第三者機関「AV人権倫理機構」の委員もしています。何の縁か、国会証人喚問の補佐人をしたこともあります。2001年10月に弁護士登録してから2年間は企業法務系の事務所にいましたが、そこを放逐され、今の事務所に移りました。カルト問題に関わるようになったのは、ボス弁がカルト問題に熱心に取り組んでおり、全国霊感商法対策弁護士連絡会、日本脱カルト協会などに参加するようになったのがきっかけです。今は、日本脱カルト協会の理事、事務局長もしています。

《事務所紹介》

当事務所は、カルト問題に取り組んでいる法律事務所として、必ず名前が挙げられる事務所の1つであると自負しておりますが、私がカリフォルニア州弁護士の資格をもっており渉外案件に対応可能なこと、消費者被害案件、カルト関連の案件が比較的多いことを除けば、普通のマチ弁事務所です。

2 弁護士としての「想い」・理念

「表現の自由」と「自己決定権」を守るというのが弁護士としてのライフワークであり、カルト問題は、「自己決定権」の侵害に関わる問題として熱心に取り組んでいます。カルトの定義については、諸

説ありますが、専門家の間では、

①何らかの強固な信念（思想）を共有していること

②構成員の獲得、組織の維持のために精神操作的なテクニック（いわゆるマインドコントロール）を用いること

③個人の自由と尊厳を侵害し、社会的に重大な弊害をもたらすこと

という3要件を満たす人の集まりをカルトと呼ぶことに異論はないと思います。宗教ではないカルトもありますし、いわゆる教団を形成していないものもあります。極端な話、人間が2人いればカルトは生まれます。

マインドコントロールというのは、「本人が主観的、個別的には自由な意思で判断しているように見えるが、客観的、全体的に観察すれば、外部からの不当な心理操作により意思決定していると評価される心理状態」を意味します。マインドコントロールされている人は、「自由な意思決定に基づいて」行動していると思い込まされており、一生懸命自分の頭で悩み、考えています。ただ、思考の「大前提／常識」が、マインドコントロールにより、カルトが設定したもの（例えば、「教祖は正しい、教団は正しい、教えは正しい」）に置き換えられていますし、「大前提／常識」を考え、疑うことが「罪」であると教え込まされたり、疑うことを先送りしたり、あるいは、疑いをもった時点で上位の信者に相談したりするように教え込まれていることが多いです。結果的に、「教祖は正しい、教団は正しい、教えは正しい」が疑う余地のない常識となっており、その前提のうえで、一生懸命悩み、考え、工夫し、喜び、落ち込み、議論しているという精神状態と言えばわかりやすいでしょうか。

弁護士がカルト問題に取り組む理由は、それが非常に深刻な人権問題だからです。マインドコントロールされた人は、自らの意思に基づいて正しいことをしていると信じて、いつの間にか反社会的な活動をするようになり、平気で嘘をつくようになってしまいます。

カルトによる人権侵害は以下の4類型にまとめることができます。

①対社会妨害型

⇒カルトと敵対する市民、被害者、弁護士、警察等に対する攻撃

②資金獲得型

⇒霊感商法、セミナー代金等の名目での金銭的な収奪

③家族破壊型

⇒親子の断絶、離婚。②とも無関係ではない！

④信者・構成員収奪型

⇒安全や健康を無視した無償労働（事故）、パワハラ、セクハラ、児童虐待、過大な献金、性的な虐待等

　また、マインドコントロールが解けた後も、様々な心身の不調、精神的な不安定さ、良心の呵責等に苛まされるのが通常であり、社会復帰は簡単ではありません。脱会＝問題の解決ではなく、「道半ば」であり、脱会後にカウンセリングなどのフォローがきちんとなされないとカルト団体に戻ったり、別の団体の信者になったりしてしまうこともあります。

　このようにカルト問題は、マインドコントロールを悪用して人の自己決定権を侵害し、著しい人権侵害を惹起するものです。

3　経営理念

　クライアントに対し、「参謀」「紛争解決の実務者」という2つのサービスを提供するのが弁護士の仕事であると考え、仕事をしてきました。クライアントに迎合することなく、冷静に事実関係と状況、利害得失を説明し、解決策を提案することを心がけてきました。

4　開業から現在までの経営状況の推移

　登録してから2年間は給料制のイソ弁でした。2003年9月末にリンク総合法律事務所に移籍してからパートナー扱いになり、自営業者となったのですが、売上げは2010年頃まで伸びていました。大規模な

弁護団事件の報酬の分配や過払いバブルの影響もあり、2008～2010年頃の売上げは実力以上のものがあったと思います。2011～2012年は2010年頃よりやや売上げは減りましたが実力相応の水準になったものと考えています。2013～2015年の売上げはさらに減りました。原因はすぐに収入にはならないけれど、興味もあり、勉強にもなると考えたクロスボーダーの大規模消費者弁護団事件の弁護団のメンバーとして頻繁に渡米するようになり、さらに、よい機会だからアメリカの法制度をきちんと勉強しようと考え、カリフォルニア州弁護士の資格を取得しようと受験勉強を開始し、明らかに仕事に費やす時間が減ったためです。2015年12月にカリフォルニア州弁護士に登録した後は、日本在住の外国人、海外在住のクライアントが増え始め、売上げの水準は2012年頃の水準に戻りました。

　もともと、生活の固定経費の部分はなるべく上げないようにしており、売上水準に比べればつましく生活をしていたので、売上げの減少によっても海外におけるカルト関係の学会の出席等を減らすことなどはしていませんし、カルト関係の案件についても、特に断ることなく受任を続けています。

5 経営戦略・手法

（1）業務の強み

　　いわゆるカルト団体、カルトの信者が絡む案件、いわゆるマインドコントロールが問題となる案件について幅広く、相談に乗り、受任しています。案件の類型としては、損害賠償請求、業務妨害行為等の差止め、刑事告訴／告発、離婚、親権の奪い合い、相続、信者の家族からの脱会相談、企業内の信者社員による勧誘行為に対する対策、取引先の属性調査等、名誉毀損等を理由とするSLAPP訴訟への対応、発信者情報開示請求等、様々です。相談者は、一般市民、教育機関、企業、宗教団体等、こちらも様々です。

　カルト団体側の相談に乗ったり、受任をしたりはしないのが原則ですが、

現役の信者であっても団体側から不当に攻撃されているなどの事情がある場合や団体側が自分たちの活動を改善するための助言を求めている場合においては、細心の注意を払ったうえで相談に乗ることがあります。

　カルト団体、カルトの信者が絡む案件については、特有の心理状態、行動パターン、マインドコントロールなどの知識がないと適切な案件処理ができませんし、危険に晒されることもあります。

　私は、弁護士としての立場から案件を処理した経験が豊富なだけではなく、海外のものも含め文献を読み、研究会、全国霊感商法対策弁護士連絡会の事務局会議に参加して最新の情報を手に入れて研さんを積むだけでもなく、日本脱カルト協会の理事、事務局長として活動しており、カルト問題に取り組むカウンセラー、聖職者、研究者、ジャーナリスト、脱会者らとのネットワークをもっています。また、カルト団体は、しばしば国境を越えて活動をしますが、帰国子女であり日英バイリンガルであるという特性を生かし、海外のカルト関連の学会にも2004年から毎年参加して、頻繁に発表を行うなどしており、海外のカルト専門家とも情報交換のネットワークを有しています。カルト関連で、海外のカルト情報を積極的に収集し、海外の専門家と情報交換をしている弁護士は、少ないはずです。2015年には、カリフォルニア州弁護士としても登録し、海外の人からもより信用を得やすくなったのか、情報交換などはしやすくなりました。

（2）ターゲットとする地域・客層

　ターゲットとする地域・客層という考え方をしたことはありません。カルト関連のトラブルは、一般市民はもちろん、民間企業、マスコミ、官公庁、宗教団体、教育機関など、人間関係のあるところ、どこでも発生するからです。

（3）営業・顧客維持の方法

　特に、広告、宣伝は行っておらず、口コミで来る案件が多いですが、他の弁護士から紹介されて来る案件が比較的多いと思います。

（4）組織、コストの考え方

　私はパートナーではありますが、事務所の経営者は所長の紀藤正樹弁護士であり、紀藤がボス弁という位置づけにあります。紀藤は、カルト問題に30年近く熱心に取り組んでいるキャリアと実力があり、紀藤と一緒に、某自己啓発セミナー団体との6年近くにわたる全面戦争に近い訴訟合戦を勝ち抜くなど貴重な経験を積むことができたことは、私がカルト問題に取り組むうえで非常に重要な財産となっています。紀藤の知名度と信頼から恩恵を受けて、相談者、依頼者の方々から信頼してもらいやすいということは確実にあるでしょう。

　当事務所の弁護士は、紀藤以外も半数以上がカルト問題を扱った経験があるので、事務所の中でお互いの担当案件について相談したり、情報交換をしたりすることはよくあります。カルト問題に取り組むうえでは、訴訟を起こされたり、懲戒請求をされたり、誹謗中傷をされたりするなどの弁護士に対する業務妨害がよくあるのですが、当事務所の弁護士に対する業務妨害については事務所の弁護士全員が一丸となって対応することにしていますし、事件を共同で受任する等してリスクを分担したり、危なそうな相手と会う場合には同席したり近くにいてもらうなどすることもよくあります。

　また、セキュリティ面については、コストをかけている方だと思います。カメラ付きインターホンや、ドアは全てICカードによるオートロックを採用していますし、警備システムも当然導入しています。当事務所では3階が執務室、2階が会議室になっていますが、打合せを行う会議室への案内は事務局が行い、相手方の顔を担当弁護士以外の人間が確認するようにしています。事務局との連絡はSkypeのチャット機能を利用しており、相手方の話をタイプするふりをしながら110番するように等の指示をしたり、お茶替えを口実に様子を見に会議室に来てもらえるように心がけてもいます。実は、事務所のあるビルの裏手は参議院議員宿舎で、もともと警察官のパトロールが多い地域を事務所の場所として選んでもいます。あとは、個人レベルの話で、私は自転車通勤なのですが、家に帰るルートを毎日変える、尾行を避けるために自転車で一方通行を逆走する程度の用心はするようにしています。

（5）働き方

依頼者対応については、特に、カルト脱会者の依頼者については、依頼者を信用しつつも、言い分を鵜呑みにせず、確実に裏をとることを心がけています。特に、体験した事実なのか、伝聞なのか、暗黙の了解となっていた事実なのか、ソースとの距離感には注意をしています。弁護士は、依頼者の目線だけではなく、相手方の弁護士の目線、裁判官の目線で話を聞くので、自分が相手方の弁護士だったら突っ込みたくなること、裁判官の目から見て疑問に感じることは、納得できるまで説明してもらうしかないし、それは、依頼者を信用していないことを意味するものではないことをあらかじめ説明するようにはしています。

「弁護士山口貴士大いに語る」という個人ブログに2008年10月26日に、「【再掲】弁護士というライフスタイルについて考える」と題して、以下のような投稿をしました。私にとって、カルト問題に取り組むことは仕事ではなく、ライフスタイルでありましたし、今でもそうなのですが、さすがに30代終わり近くから体力の衰えもあり、週末には休みをとるようにしています。趣味に登山が加わったことも、休みをきちんととるようになった大きな要因ではあります。

　弁護士の仕事について、私が以前に所属していた事務所のボス弁は、「3K」（＝きつい、厳しい、きりがない）だと言っていました。私も同感です。特に、「きりがない」というのは、全くそのとおりです。弁護士というのは、揉め事に関わる仕事なので、恨みを買ったり、攻撃の対象になったりすることもあります。「危険」を付け加え、「4K」（＝きつい、厳しい、きりがない、危険）でもよいかもしれません。

仕事とプライベートを完全に切り分けることは不可能です。当事務所の弁護士には「定時」とか「拘束時間」とか「休日」という概念はないです。出勤時間、退勤時間は自由ですし、休みをとることも自由ですが、大体は、どの弁護士も朝は9時半〜10時位の間に出勤し、深夜0時か1時まで仕事をしています。夜の11時頃に帰路についていると「今日は早い」と感じてしまう

自分がいます。

　弁護士であることに伴う責任と仕事は、絶えず、プライベートな領域を侵食します。事務所が事実上生活の拠点になっていきます。私の感覚では、事務所は「職場」よりも、学生時代の「溜まり場」に近いものになっています。思うに、どのプロフェッション（専門職）でもそうだと思いますが、弁護士であるということは、単に収入を得るための手段でもなく、「弁護士というライフスタイル」を選択するということ、という割り切りがないとやっていけないでしょう。

　「弁護士というライフスタイル」は非常に充実し、かつ、張り合いのある日々をもたらしてくれるものです。それなりの収入も得られますが、単に、「生活費を稼ぐ手段」として、弁護士という職業を選ぶのはもったいないと思います。

　X時からY時までは「仕事」で、それ以外は「プライベート」という切り分けた生活を希望される方は、当事務所には向きません。独断と偏見で言えば、弁護士という職業そのもの、少なくとも、消費者側に立つ弁護士には向かないのではないかと思います。

6 今後について

　幸いなことに、これまでは、自分のやりたい仕事に時間の大半を使いつつも、自分のやりたいことをがまんせずに済むだけの収入を得ることができました。これからもそうあり続けるために必要なことは何かを常に考えています。具体的には、新しいことに毎年チャレンジをして、また、自分より能力の高い人と一緒に仕事をする機会を探しています。

COLUMN
サッカー好き作家弁護士の野望
保坂 晃一　Koichi Hosaka

PROFILE··
52期（福岡県弁護士会）、保坂法律事務所。ペンネーム法坂一広で小説を執筆し、2011年に『このミステリーがすごい！』大賞を受賞。受賞作は、『弁護士探偵物語・天使の分け前』（2012年・宝島社、2013年・宝島社文庫）。

　私の場合は、本業の弁護士と、副業の作家業は切っても切れない関係で、もとはと言えば、うまくいかない刑事事件が続いたときに、『チーム・バチスタの栄光』（2006年・宝島社）を読んで、この方法で司法の不条理を社会に訴えたいと考えたのが始まりでした。折も折、裁判員制度が始まる頃で、有罪推定99.9％の壁を崩すには、一般市民の意識に直接訴えかけるしかない、と考えたのでした。うまくいけば、自分の弁護士としての名前も売ることができ、広告効果もあるのではないか、なんてことはあまり考えていませんでしたが、それでも時々本を読んで相談したいという連絡が入ることもあります。一番驚いたのは、ある死刑確定囚からの手紙。本を読んで、主人公の弁護士と私をごっちゃにしてしまったのでしょうが、最高裁まで終わって死刑の確定した事件をひっくり返せとの相談のようでした。残念ながら、個人的事情から拘置所に話を聞きに行くこともできず、お断り、となりました。

　この原稿のテーマは本業としての弁護士を活かしての副業ということなのですが、私の場合は、弁護士業に活かすための副業という面も強く、もはや切っても切れない状況にあると言えます。

　今のところ、作家業の題材もモチベーションも、本業の弁護士業あってこそという状況で、4冊出版に至っています。5冊目は初めて本業を離れた別分野の小説になる予定ですが、慣れないこともあってなかなかうまくいきません。次は、できれば本業物に復帰したいと思います。

　とりあえず、本を読んで本業の仕事を依頼したいというパターンも、ケー

COLUMN

スとしては少ないのですが、見受けられます。それだけでもないよりはまし
です。とはいえ、私の場合は、上の例にも顕著なように、本業に小説の主人
公のような活躍を期待されて、無理筋の事件が舞い込んでしまうという複雑
な状況です。ドラマで言えば、『99.9 ―刑事専門弁護士―』で松本潤さん演
じる弁護士のような活躍を期待されるのでしょう。同業の皆さんには理解し
ていただけると思うのですが、あのドラマの主人公のような弁護活動は、お
金さえ払っていただけるなら可能で、別に天才的な能力を必要とするような
ものではないということかと、特に国選の否認事件となるとコストの面から
不可能なわけで、私に松本潤さんのレベルを求めるのは、顔とダジャレだけ
にしてください、なんて言うのはもちろんジョークですが。

　ただ、小説を書いて多少なりともこういう珍しい弁護士がいると注目し
てもらえることで、交友関係が広がるというメリットはあります。

　弁護士業だけやっていてはどうしても付き合いは業界内に偏りがちでし
たが、作家業でのメディア露出などもあり、その関係で何件かは顧問契約を
ゲットできたりもしましたが、何より他の業界の人と交流をもつのは刺激が
あってよいです。司法界なんぞ斜陽産業と思い知らされます。とはいえ、弁
護士業が私にとってのホームグラウンドですから、今後ともなくなっては困
ります。本業があっての副業なのです。

　もともと野球派だったのですが、作家業のつきあいで始めたアビスパ福
岡のサポーターというのもあって、これもそのうち、海外のビッグクラブに
移籍するような選手の代理人業務につなげられるといいなと思っています。
せっかくサッカーとの縁ができたのだから。ダジャレではなくて。

サービス・インフォメーション
━━━━━━━━━━━━━━━━━━━ 通話無料 ━━━

①商品に関するご照会・お申込みのご依頼
　　　　　　　TEL 0120（203）694／FAX 0120（302）640
②ご住所・ご名義等各種変更のご連絡
　　　　　　　TEL 0120（203）696／FAX 0120（202）974
③請求・お支払いに関するご照会・ご要望
　　　　　　　TEL 0120（203）695／FAX 0120（202）973

●フリーダイヤル（TEL）の受付時間は、土・日・祝日を除く
　9：00〜17：30です。
● FAX は24時間受け付けておりますので、あわせてご利用ください。

弁護士「好きな仕事×経営」のすすめ
―分野を絞っても経営を成り立たせる手法―

平成30年7月10日　初版発行

編　者　　北　　　周　士

発行者　　田　中　英　弥

発行所　　第一法規株式会社
　　　　　〒107-8560　東京都港区南青山2-11-17
　　　　　ホームページ　http://www.daiichihoki.co.jp/

装　丁　　篠　　　隆　二

弁護士仕事　ISBN 978-4-474-05995-5　C2034（6）

【編著】弁護士 北 周士
弁護士の"リアル"がわかるシリーズ

独立弁護士の"リアル"がわかる

弁護士
独立のすすめ

【編著】開業事例研究会 代表 弁護士 北 周士
A5判・172頁　定価：本体2,500円＋税　発行年月：2013年2月

60期以降の若手弁護士による、独立開業体験談。即独、地方での開業、個人経営、共同経営等、多様化する独立開業の形をリアルに伝え、「自分に合った独立開業」の方向性を導き出せる一冊。

事務所経営の"リアル"がわかる

弁護士
転ばぬ先の経営失敗談

【編著】失敗事例研究会 代表 弁護士 北 周士
A5判・156頁　定価：本体2,500円＋税　発行年月：2015年2月

法律事務所経営に関して「うまくいかなかった」「こうしていればよかった」という事例から、事務所経営において陥りがちな失敗などを分析。失敗しない経営の知恵やヒントをつかんでもらう書籍。

独立・経営の"リアル"な不安に答える

弁護士
独立・経営の不安解消Q&A

【編著】北 周士・田畑 淳・野田隼人・深澤諭史・向原栄大朗
A5判・280頁　定価：本体2,700円＋税　発行年月：2016年11月

2013年より開催している「若手弁護士のための独立開業支援セミナー」で出された質問のうち、厳選した163問に対して、開業弁護士が答える。独立・事務所経営に関する漠然とした大きな不安から些細な疑問の解消を助ける書籍。

商品の詳細、お申込みは ➡ 　第一法規　弁護士　検索 CLICK!

 第一法規　東京都港区南青山2-11-17 〒107-8560　http://www.daiichihoki.co.jp
Tel. 0120-203-694　Fax. 0120-302-640
ご注文はWEBからも承ります。